南京社科学术文库

转型视角下的城市网络研究：

基于生产性服务业的长三角实证分析

王 聪◎著

中国社会科学出版社

图书在版编目（CIP）数据

转型视角下的城市网络研究：基于生产性服务业的长三角实证分析/王聪著. —北京：中国社会科学出版社，2017.12

（南京社科学术文库）

ISBN 978 – 7 – 5203 – 1653 – 8

Ⅰ.①转… Ⅱ.①王… Ⅲ.①长江三角洲—城市网络—研究 Ⅳ.①F299.21

中国版本图书馆 CIP 数据核字（2017）第 299458 号

出 版 人	赵剑英	
责任编辑	孙　萍	
责任校对	胡新芳	
责任印制	王　超	

出　　版	中国社会科学出版社	
社　　址	北京鼓楼西大街甲 158 号	
邮　　编	100720	
网　　址	http://www.csspw.cn	
发 行 部	010 – 84083685	
门 市 部	010 – 84029450	
经　　销	新华书店及其他书店	

印　　刷	北京君升印刷有限公司	
装　　订	廊坊市广阳区广增装订厂	
版　　次	2017 年 12 月第 1 版	
印　　次	2017 年 12 月第 1 次印刷	

开　　本	710×1000　1/16	
印　　张	12	
字　　数	191 千字	
定　　价	49.00 元	

总　序

2017 年的中国迎来了党的十九大，进入了全面建成小康社会的决胜阶段，开启了中国特色社会主义新时代。春江水暖鸭先知，社科腾跃正此时。2014 年 8 月出台的《加快推进南京社科强市实施意见》，明确提出了要"更好地发挥哲学社会科学在南京创成率先大业、建设人文绿都、奋力走在苏南现代化建设示范区前列中的理论支持和思想引领作用"，标志着南京社会科学界正肩负起更加神圣而重大的资政育人历史使命，同时也迎来了南京社会科学学术繁荣、形象腾跃的大好季节。值此风生水起之际，南京市社科联、社科院及时推出"南京社科学术文库"，力图团结全市社科系统的专家学者，推出一批有地域风格和实践价值的理论精品学术力作，打造在全国有特色影响的城市社会科学研究品牌。

为了加强社会科学学科高地建设、提升理论引导和文化传承创新的能力，我们组织编纂了南京社科学术文库。习近平新时代中国特色社会主义思想，是对中国特色社会主义理论体系的丰富和发展，是马克思主义中国化的最新理论成果，是我国哲学社会科学的根本遵循，直接促进了哲学社会科学学科体系、学术观点、科研方法的创新，为建设中国特色、中国风格、中国气派的哲学社会科学指明了方向和路径。本套丛书的重要使命即在于围绕实践中国梦，通过有地域经验特色的理论体系构建和地方实践创新的理论提升，推出一批具有价值引导力、文化凝聚力、精神推动力的社科成果，努力攀登新的学术高峰。

为了激发学术活力打造城市理论创新成果的集成品牌、推广社科强市的品牌形象，我们组织编纂了本套文库。作为已正式纳入《加快推进南京社科强市实施意见》资助出版高质量的社科著作计划的本套丛书，旨在围绕高水平全面建成小康社会、高质量推进"强富美高"新南京建设的目标，坚持马克思主义指导地位，坚持百花齐放、百家争鸣的方针，创建具有南京地域特色的社会科学创新体系。在建设与南京城市地位和定位相匹配的国内一流的社科强市进程中，推出一批具有社会影响力和文化贡献力的理论精品，建成在全国有一定影响的哲学社会科学学术品牌，由此实现由社科资源大市向社科发展强市的转变。

为了加强社科理论人才队伍建设、培养出一批有全国知名度的地方社科名家，我们组织编纂了本套文库。本套丛书的定位和选题是以南京市社科联、社科院的中青年专家学者为主体，团结全市社科战线的专家学者，遴选有创新意义的选题和底蕴丰厚的成果，力争多出版经得起实践检验、岁月沉淀的学术力作。借助城市协同创新的大平台、多学科交融出新的大舞台，出思想、出成果、出人才，让城市新一代学人的成果集成化、品牌化地脱颖而出，从而实现社科学术成果库和城市学术人才库建设的同构双赢。

盛世筑梦，社科人理应承担价值引领的使命。在南京社科界和中国社会科学出版社的共同努力下，我们期待"南京社科学术文库"成为体现理论创新魅力、彰显人文古都潜力、展现社科强市实力的标志性成果。

叶南客

（作者系江苏省社科联副主席、南京市社会科学院院长、

创新型城市研究院首席专家）

2017 年 10 月

目　录

第一章

绪　论

20世纪90年代以来，全球化进程速度加快，信息技术产业蓬勃发展，随着跨国公司的全球扩张和世界生产网络的形成，不同区域、不同城市之间的交流、合作关系日益强化。城市区域的范围、规模在不断扩大，已经打破了传统的以行政区划划分的区域和城市范围，网络化成为新的时代背景下城市空间发展的重要趋势。传统的中心地理论（central place theory）强调等级关系的研究范式已不能做出圆满的解释，城市网络的研究日益成为西方学者研究领域的重要前沿。

一　问题的提出

受中心地理论的影响，传统城市体系的等级划分主要采用两种方法：一是从规模等级的角度，依据城市人口规模指标划分城市等级；二是从城市功能的角度，根据城市行政功能、经济功能、文化功能等单个或综合指标确定其在城市等级中的地位或进行城市竞争力比较研究。综合来看，测度方法主要基于大量的城市属性数据，偏重于城市内部特征和功能分析，容易突出个别城市的中心地位，而对城市之间的水平联系重视不够；过于强调城市功能的差异性，而忽视城市之间的相互合作关系。

随着信息化与全球化的深入发展，城市网络作为一种新型的城市空间组织形式应运而生。意大利学者Camagni最早提出"城市网络"范式，研究城市之间的组织形式，认为城市网络是在互补或相似的城市中心之间形成的以水平和非层级性的联系和流动为主的网络体系，它可以提供专业化分工的经济性，以及协作、整合与创新的外部性。① 卡斯特（Castells）提出的"流动空间"的概念，强调城市节点的重要性，为全球化和信息化背景下城市网络研究提供了一个新的理论框架。他认为网络是信息社会新的社会形态，通信和信息技术正深刻改变着全社会的物质基础，同时城市间的网络关系也决定了各个城市的地位。作为城市间联系最为直观的媒介，早期主要通过有形的实体网络来勾画城市网络的空间意象，航班数量、港口吞吐量、公路车流量、铁路交通量等各类交通流的发生量对城市网络体系的影响成为城市网络研究的重点。② 20 世纪 80 年代以后，随着信息技术的革命性进步，越来越多的城市通过互联网络参与到城市网络中来，同时城市作为信息交换中心在全球化过程中的地位显得越发重要，基于包裹、邮件、互联网传输量、网络宽带流量等途径的城市网络研究不断涌现。③

　　后工业化社会，服务经济活动成为发生于我们周围主要经济革命的核心，这一新的经济革命与 18 世纪工业革命具有同等重要的意义，城市网络成为城市功能的综合表现。由于城市的产生主要源于城市的政治功能和贸易功能的叠加，人口规模的集聚程度一度成为衡量城市功能的重要表征。随着全球化影响的深入，城市功能的发挥更多地体现为城市与外部空间之间物质、能量和信息等交换的过程，而人口规模的大小并不能反映出城市对外联系的强弱，城市的对外服务功能主要由城市产业结构所决定。在"服务经济"时代，生产性服务业逐渐取代制造业成为推动大城市经济增长的重要力量，并对城市经济功能和服务功能的提升产生了重要影响。同时，许多生产性服务公司，如四大会计事务所、翰威特咨询公司等逐步发展成为该专业领域的跨国公司，并且由于与制造业之间的密切关联，较之其他跨国公司的服务范围更广，影响更深。考虑到城市只是地域概念而非独立的行为主体，通过世界范围布局的生

---

①　Camagni R., Salone C., "Network Urban Structures in Northern Italy: Elements for a Theoretical Framework", *Urban Studies*, Vol. 30, No. 6, 1993, pp. 1053 – 1064.

②　Goetz A. R., "Air Passenger Transportation and Growth in the US Urban System 1950 – 1987", *Growth and Change*, No. 23, 1992, pp. 217 – 238.

③　Townsend A. M., "Networked Cities and the Global Structure of the Internet", *American Behavioral Scientist*, Vol. 44, No. 10, 2001, pp. 1698 – 1717.

产性服务企业的微观行为分析，成为研究世界城市网络的重要切入点。

此外，虽然也有学者从基础设施、社团企业和社会文化等途径获取关系型数据来研究城市网络，但城市关系型数据的缺乏却一直是该领域研究的软肋。[1] 数据获取主要存在两方面问题：一是已有数据难以满足研究的需求，研究者可以收集到的官方数据，大多以行政区划而非经济区为统计单元，且城市属性数据居多，对于城市间关系的研究意义不大。二是第三方机构缺失，数据收集困难，由于缺少专门负责收集和汇总全球城市或者企业统计数据的第三方机构，而企业资料又涉及保密性的要求，造成了数据收集的困难。针对以上问题，较多研究者采取自建数据库的方法。由于生产性服务公司需要通过空间扩张打开市场，其营业网点的信息较易通过网站或者营销资料获得，这就使得生产性服务企业网络成为解释城市关系的有效工具。

将生产性服务业引入城市研究源于西方学者对世界城市和世界城市体系的关注。萨森（Sassen）解释说在全球经济中一些主要城市能成为"全球城市"主要基于它们在全球化中重要的战略地位，这些城市已经发展成为高度专业化的先进生产性服务业的生产和消费中心。[2] 在萨森关于世界城市是服务企业重要聚集地和市场假设的基础上，以泰勒（Taylor）为代表的"全球化与世界城市"网络研究小组（GaWC）不仅详细阐述了世界城市网络理论，而且进行了大量世界城市网络的实证研究，并产生了该领域里程碑式的著作《世界城市网络》。同时，泰勒等通过比较 2000 年和 2008 年的世界城市网络发现，在连接度排名前 20 位的城市中，2000 年北美和亚洲城市均为 5 个，而 2008 年北美城市降为 3 个，亚洲城市升为 9 个。更为显著的是，美国城市的名次出现了下降，而中国的上海、北京等城市名次显著上升。[3] 这说明，随着全球产业分工细化，中国不再仅仅承担制造业功能，生产性服务业已开始大规

---

① 马学广、李贵才：《世界城市网络研究方法论》，《地理科学进展》2012 年第 2 期，第 255—263 页。

② Taylor P. J., et al., "External Urban Relational Process: Introducing Central Flow Theory to Complement Central Place Theory", *Urban Studies*, Vol. 47, No. 13, 2010, pp. 2803 - 2818.

③ Derudder B., et al., "Pathways of Change: Shifting Connectivities in the World City Network, 2000 - 2008", *Urban Studies*, Vol. 47, No. 9, 2010, pp. 1861 - 1877.

模集聚。

　　基于以上背景，国内学术界关于城市网络的研究也有了很大进展。如郑伯红引入"全球化与世界城市"网络研究小组的研究方法实证性地推演了全球城市网络的计算过程和结果。[①] 不同学者分别基于航空网络、公路网络、交通流网络等基础设施对城市网络展开研究。汪明峰、宁越敏较早注意到互联网对城市空间的影响作用，基于属性方法研究了中国互联网骨干网络结构与节点可达性。[②] 甄峰等通过对西方关于信息技术影响下的城市网络研究进行梳理，指出我国信息化影响下的区域城市空间过程及机制缺乏系统、综合的研究。[③] 通过企业组织网络揭示城市空间关系的研究主要基于物流企业网络、计算机产业全球生产网络、中国制造业企业 500 强的空间组织网络、母子企业间组织关系等不同方面展开。从生产性服务企业的空间组织入手所开展的城市网络研究，主要围绕国家尺度或区域尺度层面，涉及的区域包括长三角城市体系、成渝地区城市网络和珠三角城市体系等。作为推动经济发展的主要力量，企业内部不同分支机构的空间分离所形成的关系网络对城市和区域的空间网络结构产生重要影响。

　　当前中国正处于经济社会转型的关键时期，部分中心城市逐步进入后工业化社会，加快了传统产业的结构调整和发展方式的转变。外需不振、产能过剩等倒逼机制下，服务业（尤其是生产性服务）日益成为区域经济增长和城市化进程的重要动力。作为我国最大的城市群，长三角地区地处我国参与经济全球化的最前沿，受外部经济的影响更加敏感和直接，服务功能提升最为明显。而且，长三角地区独具"外通大洋、内联腹地"得天独厚的优势，对于服务全国大局具有重要的战略地位和带动作用。其中，上海作为区域龙头城市，正努力建设并向国际金融中心和国际航运中心的"世界城市"迈进。近 10 年来，随着发展中国家通过参与水平分工，直接嵌入和链接全球产业链和价值链中高端的机会

---

①　郑伯红：《现代世界城市网络化模式研究》，博士学位论文，华东师范大学，2005 年。

②　汪明峰、宁越敏：《城市的网络优势——中国互联网骨干网络结构与节点可达性分析》，《地理研究》2006 年第 2 期，第 193—203 页。

③　甄峰、刘晓霞、刘慧：《信息技术影响下的区域城市网络：城市研究的新方向》，《人文地理》2007 年第 2 期，第 67—81 页。

加大，使其日益成为中国先进生产力的先导和联结世界经济的门户。
《长江三角洲城市群发展规划》明确提出了将长三角地区建设成世界级
城市群的目标：到 2030 年，配置全球资源的枢纽作用更加凸显，服务
全国、辐射亚太的门户地位更加巩固，全面建成全球一流品质的世界级
城市群。作为"一带一路"联动主要汇合区域和长江经济带的龙头发
展地区，以规划为引领，将进一步推动长三角经济的结构性转型和能级
的快速提升。其生产性服务业视角下的城市网络研究也具有典型性。

纵观国内外生产性服务业视角下城市网络构建的相关研究，可以看
出，不同学者就网络特征和演化等进行了不同区域尺度的探索研究。西
方开展研究较早，理论框架较为成熟；国内虽已认识到生产性服务业在
构建城市网络中的重要作用，但研究深度还远远不够。研究尺度上，更
多关注我国内部以及部分城市区域的网络特征；服务公司的选择方面，
多以公司的全国排名或上市公司为筛选依据；在研究内容上，侧重于不
同服务功能所构建的网络差异分析。

综合来看，可以发现：（1）基于生产性服务业的城市网络的理论
框架有待构建。中西方学者更加偏重于实证的研究，而对于生产性服务
业在城市网络构建中所发挥的作用相对欠缺，总而言之，缺乏综合理论
框架做指导。（2）发展中国家区域尺度的深入研究亟待展开。由于生
产性服务业所构建的城市网络的研究主要源于世界城市网络的研究，容
易忽视那些联系较弱但更为广泛的正在全球化的城市。尤其是区域尺度
的深入分析，更能成为全球城市网络研究的重要补充。（3）城市网络
的未来发展趋势还须深入研究。在网络模型中，城市之间的联系表现为
垂直联系和水平联系并存，城市的层级变化表现为其在网络中节点地位
的提高、巩固或者降低。影响网络层级结构和网络连接变化的影响因素
有哪些，它们又是如何作用于网络发展趋势的还须深入探讨。

因此，本书以长江三角洲为案例区域，着重解决以下问题：首先，
生产性服务业与城市网络之间的关系是什么？生产性服务业的发展状况
及其在城市网络构建中的作用如何？其次，基于生产性服务业的长三角
城市网络，经历了怎样的演变过程？最后，生产性服务业视角下城市网
络构建的动力机制是什么？

二　研究思路与主要内容

（一）研究思路与技术路线

本书尝试融合经济地理学和城市地理学的研究理念，批判性地学习国际前沿理论和实证研究文献，采用理论探索和实证检验、定性与定量相结合的研究方法，以长江三角洲为案例地区，重点考察在全球化、信息化和一体化的背景下，生产性服务业与城市相互作用关系及基于生产性服务业的城市网络特征、空间格局演化和作用机理。在实证研究部分，主要回答基于生产性服务业的城市网络空间格局及其演化具有什么样的特征，即回答"是什么"的问题，和导致这种空间格局和演化过程的原因是什么，即回答"为什么"的问题。基于研究目标，研究遵循以下思路。

首先，在全面总结现有理论脉络的基础上，构建一个在全球化和信息化背景下基于生产性服务业城市网络研究的理论框架。从行业的角度分析生产性服务业自身的行业属性，从企业的角度分析企业内部的管理模式和组织结构对城市网络的影响，同时通过对企业所处城市环境的研究，甄别影响企业区位选择的因素，最终建立生产性服务企业和城市网络之间的相互作用关系。

其次，对长江三角洲地区生产性服务业的发展状况及其空间格局进行深入分析，包括长三角生产性服务业的整体发展状况和内部各行业的发展态势，以及长三角生产性服务业的空间分布特征。根据我国统计年鉴的统计口径，将生产性服务业分为金融保险业，房地产业，信息传输、计算机服务和软件业，交通运输及仓储业、邮政业，租赁和商务服务业，科研、技术服务和地质勘查业六大行业类别。基于面板数据分析了生产性服务业的集聚和扩散程度，以及和城市等级体系之间的关联性。

再次，分别从地级市和县级市的层面，对长三角基于生产性服务业城市网络格局和演化特征展开深入的研究，揭示2000年以来基于生产性服务业的城市网络的网络特征及其空间格局的演化。将生产性服务业

的内部行业进一步细化，收集 11 个行业的 552 家企业的数据，构建 76
（城市）×552（企业）的矩阵，运用连锁型服务矩阵模型，从企业层
面、城市层面和区域层面深入探讨基于生产性服务业的城市网络特征以
及演化格局。

最后，剖析基于生产性服务业的长三角城市网络形成的作用机制，
力求从定性和定量两个方面证实影响因素及其作用方向和机制。根据已
有研究，确定城市网络形成的影响因素。并采用计量模型的方法对上述
空间格局的形成和演化的动力机制进行验证，包括人力资本因素、创新
因素和信息化水平等。图 1—1 给出本书的技术路线。

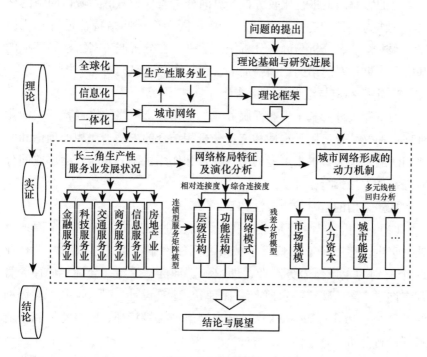

图 1—1 技术路线

（二）研究方法

本书从多角度采用多手段、多方法深入揭示长三角地区基于生产性
服务业城市网络的特征和演化格局。

1. 理论研究与实证分析相结合

在对已有文献和理论归纳演绎基础上，通过生产性服务企业和城市网络的相互作用关系，构建了基于生产性服务业城市网络形成的理论框架，并选取长三角16个地市76个研究单元，分析了长三角基于生产性服务业城市网络的特征和演化机理，做到理论为实证做依据、实证为理论做补充。

2. 横向对比与纵向对比分析相结合

横向分析表现在对金融服务功能、计算机服务功能等生产性服务业内部不同的服务功能特征进行分析，同时对于不同服务功能所构建的网络演变的影响因素进行比较分析。纵向分析表现为考虑到城市网络的格局演化作为一种动态变化的过程，将不同年度的网络特征进行对比研究。本书将动态分析与静态分析统一起来，在分析城市网络格局特征的基础上，更是对网络的空间格局的演化过程进行纵向对比分析。

3. 定性判定与定量估计相结合

为了深入分析基于生产性服务业长三角城市网络的格局特征、演化机理，本书综合运用了定性和定量分析相结合的方法。在相关理论和实地调研的基础上，提出可能的影响因素和作用机制，并综合运用空间分析等定量方法进行验证。

具体采用的定量分析方法如下。

（1）基于生产性服务业城市网络特征的测度方法。为了全面地反映基于生产性服务业的长三角城市之间的网络联系，选取了六大行业11个类别的生产性服务企业，即银行、证券、保险、会计、法律、管理咨询、广告、物流、房地产（代理）、建筑设计、IT，运用"连锁网络模型"（interlock network）对城市网络的层级特征、网络特征和功能特征进行分析。

（2）基于生产性服务业城市网络的演化格局分析方法。标准化残差可以反映出预测值与原始值之间的相对变化。为了深入地测度个体城市的属性差异，采用残差分析模型（standardised residuals）对网络格局的演变做进一步的深入分析。

（3）基于生产性服务业城市网络演化格局的作用机制的空间回归分析。结合已有的文献梳理和理论基础，总结出影响基于生产性服务业城市网络演变的主要因素，并考虑到已有网络对新的企业进入或者退出的影响，运用空间滞后回归模型对影响机制进行分析。

（三）主要内容与框架

按照上述基本思路，研究内容主要分为四大部分共计八章。第一部分为绪论（第一章），主要包括问题的提出、可能的创新点与不足。第二部分为理论架构（第二至第三章），第三部分为实证部分（第四至第七章），第四部分为全书的总结（第八章）。

第一部分为绪论，即分析框架的确定。该部分包括研究问题的提出，主要研究内容、研究思路和方法、技术路线等。并提出了本书重点要解决的几个问题，从理论架构和实证分析两部分入手进行系统分析，回答了"是什么"和"为什么"的问题。本书着眼于典型区域，试图解析生产性服务业视角下城市网络的形成演化机理，提供了新的研究视角，丰富了世界城市网络研究序列。

第二部分为基于生产性服务业城市网络的理论架构。首先回顾总结了古典/新古典区位理论、流动空间理论、网络空间理论等相关理论要点，对生产性服务业和城市网络的相关研究进展做系统的梳理，重点把握其理论内核，为研究框架的建立寻找理论依据。在理论构建部分，本书以城市网络研究载体的变化为基础，通过对不同实证研究方法的归纳总结，强调生产性服务业在城市网络构建中的重要意义。在理论综述的基础上，建立一个契合全球化和信息化背景下基于生产性服务业城市网络建构的理论分析框架。生产性服务业集聚与城市等级的关联性是城市网络构建的重要基础，而在城市网络的研究中关系型数据的获取为进一步的实证研究提供了可能性。一般来讲，城市网络主要由网络节点层级、网络连接度、网络所承载的功能三个要素构成。生产性服务业作用下的城市网络研究试图利用服务企业的等级信息流动揭示真实的城市联系，在这一过程中，发生关系互动的主体依然是城市，而生产性服务业成为网络形成的重要推手。从生产性服务业的行业属性、生产性服务企业的内部因素、企业所处的城市环境因素等视角出发，建立生产性服务企业和城市网络的相互作用关系。在已有行政等级体系基础上，根据生产性服务业对城市网络的影响分析，将基于生产性服务业的城市网络演化归纳为四个阶段。在不同阶段，城市网络的节点层级、网络联系、服务功能、总体形态都会发生相应的变化。

第三部分为实证研究部分，探索了基于生产性服务业的长三角的城市网络的现状特征和演化机理。本书选取生产性服务业的六大行业，从地级市和县级市两个层面，采用就业人口数据和部分企业数据，分析了长三角生产性服务业发展过程和空间分布格局，并对生产性服务业在城市网络构建的作用进行探索性研究。通过对生产性服务业的发展态势和空间格局的研究发现，生产性服务业已经成为长三角经济发展的重要驱动力。生产性服务业的空间布局是产业空间布局优化的直接反映，对区域空间功能的提升具有巨大的促进作用。运用连锁型网络模型，从企业层面、城市层面和区域层面深入探讨基于生产性服务业的城市网络特征，包括层级分布特征、网络关联模式和功能结构特征。运用残差分析模型，深入分析节点城市的层级变化、网络格局的演化和城市功能的演进过程。基于生产性服务业的城市网络演化机理研究部分，借鉴已有研究，定性梳理了影响基于生产性服务业城市网络变化的不同因素，然后采用回归方法对主要因素进行计量检验，对其演化的作用机制进行剖析。本书选择城市综合网络连接度的变化作为因变量，在自变量的指标选择上，主要基于一般服务业的区位选择因素和基于生产性服务业的内在属性因素两个方面来考虑。通过综合分析基于生产性服务业城市网络格局演变的影响因素，以及影响不同服务功能的要素，发现生产性服务业因其内在特殊的行业属性，其影响机制表现出自身的特征。

第四部分是全书的总结和研究展望。总结研究得到的主要结论，并提出未来进一步深入研究的方向。

三 可能的创新点与不足

（一）可能的创新点

通过生产性服务企业与城市网络的耦合分析，构建了生产性服务业视角下的城市网络理论分析框架，生产性服务业的行业属性、企业的内部因素、企业所处的环境因素的共同作用促进了基于生产性服务业城市网络的形成。这弥补了西方相关研究重实证而轻理论的不足，并试图拓宽我国城市地理学的研究领域，为发展和完善我国城市网络研究奠定了基础。

通过对长江三角洲地区进行系统的实证研究，试图解析中国典型区域内生产性服务业视角下城市网络的空间特征及时空演化格局，为基于生产性服务业城市网络的研究提供了新的分析视角，并为全球城市网络研究提供了中国范式。

此外，比较了基于生产性服务业城市网络的变化，同时对网络研究的内在动力机制做了定量分析和定性解释。这弥补了国内基于生产性服务业城市网络的动态演化和内在机制研究的欠缺。

（二）研究不足

由于笔者学识能力所限，以及区域尺度的生产性服务业视角下的城市网络研究相对"年轻"，且研究主题本身的复杂性，致使本书有较多不足，同时也是今后需要进一步努力深化的方向。

第一，在基于生产性服务业的城市网络构建框架方面，主要针对企业网络的权力分配、组织结构，以及企业所处的城市环境进行分析，对于政府调控机制探讨有待深入。

第二，从研究尺度来看，诸多生产性服务企业都是全球布局的跨国公司，而本书的分析仅限于长三角区域，没有将其放在更大的背景中研究。一个更完整的分析应该是从全球、国家、地方三个尺度对不同研究单元的地位和作用进行探讨，从而得到一个更为全面的结论。

第三，从研究视角来看，城市之间发生连接的媒介是多种多样的，而构建网络时采用的是连接类型的某一种，如本书选取生产性服务业作为城市网络连接的媒介。对于航空网络、信息网络、创新网络等不同载体的城市网络的比较研究，也是需要进一步深化研究的内容。

第二章

相关研究回顾与评述

2000 年以来，随着经济全球化和信息化的发展，生产性服务业的区位选择及对区域空间重构的作用日益成为城市地理学和经济地理学关注的热点。本章首先跟踪关于城市网络研究的理论渊源，其次归纳总结生产性服务业的概念及分类、区位选择、空间集聚以及对城市和区域的影响研究，以期寻找合适的切入点构建本书的理论分析框架。最后，对目前基于生产性服务业城市网络的构建基础、研究方法和实证研究成果进行总结和简要评述。

一 相关概念界定

（一）生产性服务业

美国经济学家 Greenfield 在 1966 年最早提出了生产性服务业（Producer Services，又称为生产者服务业）的概念，即可用于商品和服务的进一步生产的非最终消费服务，并认为其内涵是在专业化分工基础上实行市场化的中间型服务投入。新劳动分工理论认为，资本主义生产方式的转变带来生产过程的复杂化和生产体系的专业化，由分工深化引起对中间需求的增加，促进了生产性服务业的快速发展。狭义的生产性服务业是指为促进工业技术提升，提高工业生产效率的相关配套服务行业，是从制造业内部的生产服务部门中独立出来的新兴产业，包括金融、保险、法律工商服务业等。而商业、运输、通信、仓储则属于分配性服务业。Howells 和 Green 认为生产性服务业包括保险、银行、金融和其他商业服务业（如广告和市场研究等），以及职业和科学服务（如会计、法律服务、研究与开发）等为其他公司提供的服务。① 我国香港贸易发展局认为，生产性服务业包括专业服务、信息和中介服务、金融保险服务以及与贸易相关的服务。我国《国民经济和社会发展第十一个五年规划纲要》将生产性服务业分为交通运输业、现代物流业、金融服务业、信息服务业、中介与商务服务业等。由于研究视角和研究目标的不同，国内外学者针对生产性服务业形成了不同的概念界定和分类标准（见表2—1、表2—2）。

表 2—1　　　　　　　　　　生产性服务业的不同概念界定

年份	学者	概念界定
1962	Machlup	知识密集产出的行业
1966	Greenfield	主要是面向生产者，为生产者提供服务，而不是为消费者提供服务和劳动的企业和组织
1975	Browning，Singelman	为顾客提供各种专业化服务，包括金融、保险、法律、经纪等知识密集型行业
1981	Stanbacke	整个生产过程中的中间投入，而非最后的产出
1982	Hubbard，Nutter	消费性服务业以外的服务领域，产出产品卖给其他生产者，而不是直接到达消费者的服务业
1985	Daniels	
1989	Grubel，Walker	为生产者提供中间产出的产业，其作为生产其他产品或服务的中间投入，是生产者财富形成过程中的中介，服务对象是生产者而不是消费者
1990	Stull，Madden	涵盖中间产出的服务，是协助企业或组织生产其他产品及劳务，而非提供给私人或家庭部门消费
1993	Hansen	作为货物生产或其他服务的投入而发挥中间功能，包括上游、中游和下游的生产服务活动
1996	Juleff-Trantera	围绕制造业上下游发展起来的一种服务业，与传统的服务业有很大的差别，生产性服务业是依靠制造部门，供制造业生产所需

---

① Howells J.，Green A.，"Location, Technology and Industrial Organization in UK Services", *Progress in Planning*, Vol. 26, No. 2, 1986, pp. 83 – 184.

续表

年份	学者	概念界定
1998	Connor Hutton；Coffey	为其他企业最终产品、组织和政府部门提供的服务，而不是为个人和家庭提供服务
2000		
2005	郑吉昌、夏晴	市场化非终端消费服务，为其他产品和服务生产中间投入的服务
2005	钟韵、闫小培	提供给生产、商务活动和政府管理，而不是消费性服务使用者，其不直接参与生产和物质转化
2006	王晓玉	向其他组织提供用于进一步生产和运作活动的服务业
2010	陆小成	为其他产业生产商品和提供中介性服务而非直接向个体消费者提供服务的产业

　　资料来源：刘曙华：《生产性服务业集聚对区域空间重构的作用途径和机理研究——以长江三角洲地区为例》，博士学位论文，华东师范大学，2012 年。

表 2—2　　　　　　　　　　生产性服务业的不同分类

年份	学者	分类
1975	Browning，Singelman	金融、管理、保险、会计、法律、决策咨询、开发设计、研究开发、市场、营销、产品维修、运输、仓储和通信服务等
1978	Singelman	银行、信托及其他金融业、保险业、房地产、会计和出版业、法律服务和其他营业服务业
1978	Ashton，Sternal	广告、企业咨询及法律会计、研究开发、会计审计、工程测量与建筑服务
1985	Daniels	保险、银行、金融、其他商业服务业以及职业和科学服务等为其他公司提供服务的行业、货物储存与分配、办公清洁和安全服务业
1986	Howells，Green	保险、银行、金融、其他商业服务业（如广告和市场研究）以及职业和科学服务（如会计、法律服务、研究与开发）等行业
1987	Marshall et al.	信息加工服务（如银行、保险、营销、会计等）、与商品有关的服务（如销售、交通管理、基础设施维护与安装等）、人员支持的服务（如福利、食品提供等）

续表

年份	学者	分类
1989	Drennan	商务服务、法律与专业服务、金融、大众传播
1990	Hansen	金融、保险、运输、大众传播、会计、研发
1990	Geo	广告、商业银行、会计、不动产、法律服务、研发、技术咨询
1991	OhUallachain, Reid	工程服务、会计、审计、金融、保险、不动产服务
1991	Martinelli	与资源分配和流通等相关的业务（金融、培训、咨询和银行等）、与生产本身相关的活动（如质量检查、维持秩序和后勤服务等）、与生产组织和管理相关的活动（如财务、法律咨询等）、与产品的销售相关的活动（如广告、营销等）
1992	Coffey, Bailly	工程服务、咨询、会计、设计、广告
1999	Beyers	金融保险、法律服务、设计、建筑设计、科研、广告、管理咨询、计算机服务、会计、建筑服务以及以商业或政府为市场的其他服务行业
2000	Coffey	会计、广告、计算机应用服务、科学技术服务、管理咨询、法律服务、猎头服务、投资服务、金融保险、房地产等
2001	Paddison	金融、法律、一般管理事务、创新、开发、设计、管理、人事、生产技术、维护、运输、通信、批发分配、广告、企业清洁服务、安保和储存等
2006	Rocco	银行、法律、会计、咨询、保险、广告以及通信技术、商务管理等服务
2007	Bryson, Daniels	法律、会计、市场调查、技术咨询等特色部门以及广大不同规模的企业
2009	Gregory et al.	会计、广告、金融、销售、研发等
1995	薛立敏等	国际贸易、水上运输、铁路运输、其他运输仓储、通信、金融、保险、经纪、法律工商服务、设备租赁
1997	边泰明	国际贸易、运输、仓储、通信、金融、保险、不动产服务、法律会计、顾问服务、咨询、广告、设计
2001	刘志彪	金融、工程技术、法律、广告、管理咨询、批发仓储运输、信息、教育培训等服务

年份	学者	分类
2003	钟韵、闫小培	金融保险、房地产、信息咨询、计算机应用、科研综合技术等
2003	段杰、闫小培	金融保险、房地产、信息咨询服务、计算机应用服务、科学研究与综合技术服务、邮电通信与交通运输、教育、文艺和广播电影、进出口贸易
2006	程大中等	金融服务、专业服务、信息服务、其他服务（如教育服务、生产性政府服务）
2008	方远平、闫小培	金融、保险、房地产、事务所、信息咨询与代理业、计算机综合服务、科学研究与综合技术服务等

资料来源：刘曙华：《生产性服务业集聚对区域空间重构的作用途径和机理研究——以长江三角洲地区为例》，博士学位论文，华东师范大学，2012年。

借鉴已有研究成果，并与我国统计年鉴的统计口径相对应，本书将生产性服务业分为交通运输、仓储及邮政业（F），信息传输、计算机服务和软件业（G），房地产业（K），金融业（J），租赁和商务服务业（L），科学研究、技术服务和地质勘查业（M）六大行业。鉴于目前关于以上行业的统计数据没有将用于最终消费的服务和用于中间投入的服务进行严格区分，同时考虑到其行业功能、业务量的供给对象主要是面向生产，故将其全部纳入生产性服务业的统计范畴。

（二）城市网络

受中心地理论的影响和行政边界的制约，早期城市体系的研究集中于国家尺度或区域范围之内，注重城市之间的垂直关系研究。Berry 首先使用了"城市体系"（city system）的概念，将城市体系视为一组相互依赖的城市区域，并将一般系统论、中心地理论等结合起来分析城市空间组织。在 1983 年出版的《城市地理概论》中，于洪俊等将城市体系定义为通过空间相互作用，把地表上相互分离的城市结合为具有一定结构和功能的有机整体，并认为不同等级的城市组合起来，形成了城市等级体系。① 周一星认为城市体系是在一个相对完整的区域或国家中，由不同职能分工、不同等级规模，联系密切、相互依存的城镇的集合，并具有"整体性""等级性""动态性"等特征。②

Camagni 将城市网络（Urban Network）定义为专业化中心之间的水平与非等级关系所组成的系统，并通过互补（complementarity）、垂直的融合和协同（synergy）、协作关系（cooperative relationship）获得正的外部性优势（extemalities advantage）。城市网络内部不仅存在着竞争，更强调通过信息、通信和交通网络所实现的城市之间的相互合作，参与者可以从中获得合作效益和外部水平联系。基于上述认识，Camagni 将网络分为三种不同的类型，分别为等级网络（hierarchical networks）、互补网络（complementarity networks）和协作网络（synergy networks）。同时，协作网络还可分为高等级中心（承担着总部功能，金融活动密集，高端服务业集聚的世界城市）和低等级中心。③ Roberta 指出城市网络由三个要素构成，即网络、网络外部性和共同操作。城市通过参与网络，利用合作过程中的互补关系和协调中的规模经济，进而达到效率目标（efficiency goals）、协同目标（synergy goals）和能力目标（competence goals）。④

随着全球专业分工的深入和信息技术的发展，中心地理论中孤立的、引力型的、不重叠的市场区域的理论假设不断被打破，在原有模型中，一些小城市只能够拥有低等级职能，而现实中高等级的功能开始在小的（但是专业化的）中心出现。城市网络之中，规模不再是决定城市层级的唯一因素，而地理空间的相邻也不一定表示城市之间联系的密切程度。⑤ 网络逻辑与等级逻辑的不同，反映了城市网络与城市体系之

① 于洪俊、宁越敏：《城市地理概论》，安徽科学技术出版社 1983 年版。
② 周一星：《城市地理学》，商务印书馆 2007 年版。
③ Camagni R., Salone C., "Network Urban Structures in Northern Italy：Elements for a Theoretical Framework", *Urban Studies*, Vol. 30, No. 6, 1993, pp. 1053 – 1064.
④ Roberta C., "The City Network Paradigm：Measuring Urban Network Externalities", *Urban Studies*, Vol. 37, No. 11, 2000, pp. 42 – 98.
⑤ 汪明峰、高丰：《网络的空间逻辑：解释信息时代的世界城市体系变动》，《国际城市规划》2007 年第 2 期，第 36—41 页。

间最大的差异，等级逻辑在空间上是固定的，经济功能与空间尺度关系密切，并随着空间尺度的增大而增强。同时，人口在地域内均衡分布，表现为不同空间尺度上的垂直关系，带来的是城市之间的竞争关系。网络逻辑中，空间尺度是变化的，同一空间尺度的经济功能可能不同；人口在地域内不均衡分布，城市之间水平联系和垂直联系并存，带来的是城市之间的互补与合作关系。当然，中心地理论的等级秩序并没有消失，网络与等级并不是相互替代的，而是相互补充的关系。基于以上分析，本书的城市网络主要指城市之间的资源要素按照扁平化和网络化机制进行配置的空间范式。其中，行政界限被淡化，城市是城市网络中资源集聚、辐射、流通的节点要素，具有重要的对外联系功能。通过不同的"联系载体"（如基础设施、社会文化要素、生产性服务业、跨国公司等）形成关联网络，表现出不同的层级特征、功能特征和动力演化特征。

（三）全球城市区域

20世纪以来，资本控制能力和商品链不断"上调"（upscaling）到全球或超国家层次，生产能力和产业竞争力不断"下调"（downscaling）到地方区域的层次，不同层级的都市区在全球网络中的地位日益明显，全球城市区域（global city region）作为一种全新的地域空间现象开始显现。[①] 随着全球化逐渐成为席卷全球的力量，次全球体系的发展中国家的都市区地位和作用不断上升。

区别于仅强调地域联系的城市群或城市连绵区，全球城市区域是在全球化高度发展的前提下，以经济联系为基础，由全球城市及其腹地内经济实力较为雄厚的大中城市联合形成的独特空间现象（见图2—1）。[②] 一方面，城市区域以马赛克的形式嵌入全球化过程；另一方面，全球化的重要性必须通过区域得以实现，即理论上形成了全球化和本地化互动

---

① Scott A. J., Storper M., "Regions, Globalization, Development", *Regional Studies*, Vol. 27, No. 6-7, 2003, pp. 579-593.

② 易千枫、张京祥:《全球城市区域及其发展策略》,《国际城市规划》2007年第5期,第65—69页。

的空间分工新格局，既考虑区域内的层级结构，同时考虑各层级之间的水平联系。Scott 等认为，全球城市区域是国家经济发展重要的空间单元，在全球化进程中的作用将日趋重要。Hall 指出，不同于全球城市仅仅概括了少数几个城市的重要作用，全球城市区域更加注重各城市之间的内部联系。一系列拥有发达的信息基础设施和高度集中的服务设施的中心城市与城市区域，日益成为全球新经济运行的载体和全球化得以实现的基础网络。

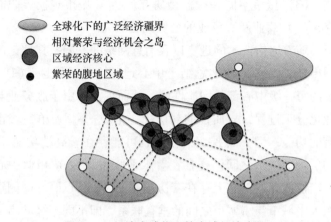

图 2—1   经济全球化下的全球经济空间

二 城市网络相关理论及方法研究

城市网络是在信息化与全球化背景下出现的一种新型的城市空间组织形式。目前，关于网络化大都市（networked metropolis）、多中心都市区（polycentric metropolitan area）等相关提法颇多，大多囿于现象描述，还未形成完善的理论体系。

（一）城市网络相关理论回顾

1. 古典中心地理论

德国地理学家克里斯塔勒（Christaller）在其著作《德国南部中心地原理》中首次提出中心地理论（central place theory），其核心思想是中心地受市场因素、交通因素和行政因素的制约而形成不同等级的中心地系统空间模型，该模型很好地解释了传统的城市体系。因中心地本身是生产和供给周围地区中心商品的少数具有中心职能的布局场所，其等级划分依据是中心地向周围腹地提供服务的范围（或服务半径）而形成一个有规则的等级均匀分布的中心地系统，因此，也被视为服务业区位论的经典。作为城市等级规模的经典理论，一般认为中心地理论具有以下贡献：（1）城市等级划分的研究；（2）中心城市与区域腹地相互作用研究；（3）城市空间系统模型研究；（4）城市规模、职能及空间分布研究；（5）商业及服务业的区域问题研究。[①]

　　然而，随着通信技术的进步以及信息网络的发展，其理论的局限性逐渐显现出来。Capello 归纳总结了中心地理论的局限性：（1）中心地理论假设的每一级中心都是同质性的，然而现实中由于服务业与工业均存在专业化分工过程，异质性的功能中心形成；（2）单一城市不可能具备所有的功能；（3）低层级的中心也可能存在着高端功能；（4）同样功能和层级的城市之间同样存在着水平联系；（5）相似中心在总部和高端生产性服务业功能上存在着协同联系。[②] 中心地理论侧重于强调城市体系大中城市与小城市之间的垂直联系，即不同等级城市之间的单向互动（等级低的城市从等级高的城市中获取商品和服务），容易忽略同一层级城市之间的横向关系。随着区域内部城市之间交流合作的日趋多元化，已经很少有城市和市场体系可以完全靠中心地模型来进行分析。

　　2. 中心流理论

　　为了弥补中心地理论在解释全球尺度上世界城市空间组织联系的不足，泰勒提出了中心流理论（central flow theory），成为中心地理论的重要补充。中心地理论主要用于描述一般的城市发展过程，合理地解释了城市空间及其腹地之间的等级关系，但缺乏对于城市与外部空间之间复杂的非等级关系的理解。随着新经济的产生，出现水平联系和垂直联系

　　① 李小建：《经济地理学》，高等教育出版社 2003 年版。
　　② Capello R.，"Spatial Transfer of Knowledge in High Technology Milieux：Learning Versus Collective Learning Processes"，*Regional Studies*，Vol. 33，No. 4，1999，pp. 353 – 365.

相互交织的复杂网络，对此，中心地理论并不能做出很好的解释。因此，泰勒提出了"乡镇性"（town-ness）和"城市性"（city-ness）的概念。"乡镇性"指城市空间与其腹地之间的垂直联系，适合用中心地理论来解释，通过等级模型来实现。而"城市性"指城市与腹地之外的其他城市之间的人口、信息、资金等的水平联系，采用中心流理论解释，通过网络模型实现。同时，他认为经济的快速发展主要来自于"城市性"，通过获取外部机会（如通过输入替代的方式创造城市新的增长点）来实现城市经济的快速发展。具体见表2—3。

表 2—3　　　　　　　　　　中心地理论和中心流理论比较

	中心地理论	中心流理论
联系类型	垂直联系	水平和垂直联系
联系主体	本地联系（城市空间及其腹地）	外部联系（城市与非本地空间）
基本假设	垂直结构	网络结构
形成机制	竞争、不对称关系	互补、合作关系
不同过程	乡镇性（town-ness）	城市性（city-ness）
模型构建	连锁的等级模型	连锁的城市网络模型

资料来源：Taylor P. J., et al., "External Urban Relational Process: Introducing Central Flow Theory to Complement Central Place Theory", *Urban Studies*, Vol. 47, No. 13, 2010, pp. 2803 – 2818.

3. 流动空间理论

加州大学伯克利校区的社会学家曼纽尔·卡斯特（Manuel Castells）在其著作《信息城》中将流动空间的概念运用到社会学和地理学研究中，提出存在一种社会实践的新空间形式，即流动空间（space of flows）。流动空间分析方法采用了"三明治"模型，模型构建的关键是社会实践（social practices）。这里的社会实践是指客体之间的交换（产品或生产的某一环节）或交流（知识、文化、信息等），通过社会实践将流动空间分为三个层次：第一个层次是信息基础设施，包括通信设备、信息设备、互联网、航空网络等物质支持，由于这些信息基础设施导致时空压缩的产生，以及不连续的空间之间可以发生时间的同步性；第二个层次是由节点和核心所构成的网络背后的特定场所，即行动主体应该在哪些特殊空间上利用信息设施网络将经济、政治、文化功能连接形成网络的问题；第三个层次是占据支配地位的管理精英的空间组织，如技术人员、金融管理者、决策咨询者等，在居住、休闲、餐饮等方面存在着分异与隔离。①

Castells 在空间上明确了节点（nodes）和枢纽（hubs）的概念，认为节点是某些重要的战略功能所在地，通过节点将地方连接成整体连通的网络体系，交流（或通信）枢纽是协调功能相互作用的所在地。同时，他认为空间重组的最终目标是构建新型、有序的流动空间——地方空间的空间体系。在这一过程中，信息技术促使世界经济从"地点空间"（space of places）向"流的空间"（space of flows）转换，"信息流"则通过建立全球性的"瞬时可达性"的网络，消除物质空间中的各种壁垒。因此，流动空间具有空间边界的模糊性、空间结构的柔性化及空间关系复杂化的特点。② 在流动空间中，连接性（Linkage）弱化物临近性，而关系论（relationship）更新区位论。③

4. 网络空间理论

网络空间是 Batty 所谓的"虚拟地理"（virtual geography）四种空间之一，特指计算机空间经由计算机通信网络而形成的新的抽象空间。④ Benedikt 认为它是"一个全球性的、网络化的、通过计算机支持、计算机出入、计算机产生的、多维的、人造的，或者说是'虚拟的'现实"⑤。Jiang 与 Ormeling 则定义为"一种由计算机生成的景观，即全球计算机网络的虚拟空间，通过网络连接世界上所有的人、计算机和各种

---

① 杨永春等：《世界城市网络研究理论与方法及其对城市体系研究的启示》，《地理研究》2011 年第 6 期，第 1009—1020 页。

② 郑伯红：《现代世界城市网络模式研究》，博士学位论文，华东师范大学，2003 年。

③ 沈丽珍、顾朝林、甄峰：《流动空间结构模式研究》，《城市规划学刊》2010 年第 5 期，第 26—32 页。

④ Batty M.，"Virtual Geography"，*Futures*，Vol. 29，No. 45，1997，pp. 337–352.

⑤ Benedikt M.，"Cyberspace：Some proposals"，In：M. Benedikt（ed.），*Cyberspace：First Steps*. Cambridge，MA：The MIT Press，1992，pp. 119–224.

信息资源"①。因此，正是计算机之间的远距离交互作用产生了网络信息空间。这种网络空间不像地理空间，它在形态上很难用几何图式来表现。在互联网和信息化的时代，网络虚拟空间活动挑战了已有的地理空间格局的逻辑思维方式。然而，这种消除地理空间距离即时的联系和交流仍然脱离不了地理空间，二者存在千丝万缕的交互作用。

从最初关注于电子通信技术、电子商务等互联网相关产业的经济地理格局，到网络思维方式在社会经济组织、地理实体空间中的运用，网络空间理论的研究范畴也在不断深入。在社会组织的三种形态中，网络结构是介于市场与等级之间的一种组织结构，即网络不仅具有等级性的特征，也具有去中心化、非等级化属性。② 这表现为各个主体之间的相互合作性和依赖性等特征，且整个组织呈现水平的形态。在城市网络研究中，公司内部之间的联系是网络形成的重要机制，通过它可以重新定义地域空间配置。城市网络表现出"流动经济"和"地域经济"之间复杂的相互关系。城市之间的互补和合作关系成为网络模型的主要特征。③ 中心地模式和网络模式的比较情况见表2—4。

表2—4　　　　　　　　　中心地模式和网络模式比较

中心地模式	网络模式
中心性	节点性
规模依赖性	规模中立性
趋向于首位性和从属性	趋向于弹性和互补性
同质化的货物和服务	异质化的货物和服务
垂直可达性	水平可达性
单一方向的流动	双向流动

① Jiang B., Ormeling F. J., "Cybermap: The Map for Cyberspace", *The Cartographic Journal*, Vol. 34, No. 22, 1997, pp. 111 – 116.

② Burger M. J., *Structure and Cooptition in Urban Networks*, Rotterdam Erasmus Research Institute of Management, 2011.

③ Meijers E. J., *Synergy in Polycentric Urban Regions: Complementarity, Organizing Capacity and Critical mass*, Delft University Press, 2007.

续表

中心地模式	网络模式
交通成本	信息成本
在空间上完全竞争	价格歧视、不完全竞争

资料来源：Batten D. F. , "Network cities：creative urban agglomerations for the 21st century"，*Urban Studies*，Vol. 32，No. 2，1995，pp. 313 - 327.

5. 全球城市和全球城市网络

全球城市，又可称为世界城市，最早可以追溯到弗里德曼（Friedmann）和沃尔夫（Wolff）的研究。由于生产的全球化以及跨国公司组织结构的复杂化导致了新的国际地域分工（New International Division of Labour，NIDL），一些主要城市（key cities）开始出现，称为全球城市（global city）或者世界城市（world city）。Sassen 解释说在全球经济中一些主要城市被选择为"全球城市"，主要基于它们在全球化中重要的战略地位。她强调一些城市在全球化的独特地位，不仅是指挥和控制中心，也是重要的生产中心、金融市场中心以及其他的高级商务服务。经济活动越是全球化，中心功能在少数几个城市（即全球城市）集聚的程度就越高。[1] 从网络研究的视角来看，世界城市形成的关键并不仅仅在于它们所拥有的资金、信息、创新、人员等要素的规模，还因为它们成为各种要素流动的控制和支配中心。在全球化时代，城市所拥有的权力更多地依赖于在网络中的通达性，即城市与世界其他地方接触和联系的范围与质量。卡斯特认为全球城市不是一个地点，而是一个过程，高级服务的生产、消费以及它们所附属的本地社会环境在信息流的基础上通过这种过程联系到全球网络中。[2]

由于连续完整的具有可比性的数据资料不足，对世界城市的形成研究较多，而对世界城市之间的联系和世界城市网络的实证研究较少。以

---

[1] Sassen Saskia, *The Global City：New York*，*London*，*Tokyo*，Second Edition，Princeton，N J：Princeton University Press，2001，pp. 1 - 447.

[2] Castells M. , *The Informational City：Information Technology*，*Economic Restructuring and the Urban-Regional Process*，Oxford：Blackwell，1989.

泰勒为首的全球化世界城市研究小组（GaWC）在借鉴并融合了弗里德
曼、沙森、卡斯特等理论研究的基础上，弥补了以往实证研究的不足，
以"关系型数据"代替"属性数据"，对世界城市网络进行了一系列实
证研究。泰勒等把世界城市视为彼此连接的网络体系中的"全球服务中
心"，世界城市网络的构建内容是全球服务公司的分支机构之间的各种
信息、观念、知识和资源等的相互联系和合作。因此，世界城市网络可
以解释成全球服务公司分支机构以及它们之间产生的各种"流"的综
合效应。同时，泰勒还从三大方面（容纳力、支配指挥力和通道）和
七个不同侧面（世界城市连接、国际金融连接、支配中心、全球指挥中
心、地区指挥中心、高连接通道、新兴市场通道）评估了全球城市网络
作用力。①

（二）城市网络实证研究方法及述评

城市作为社会经济活动产生和进行的载体，城市之间的联系载体和
联系方式是多种多样的，主要包括交通基础设施网络、信息通信网络、
社会文化网络、城市创新合作网络、企业组织网络等。

1. 基于交通基础设施的城市网络研究

基于交通基础设施途径的城市网络研究以城市间网络的承载实体发
生量为基础，通过有形的实体网络形象地勾画出全球城市网络的空间意
象，是城市网络研究早期比较直接的研究方法和切入点。交通基础设施
的网络研究主要以航空网络数据、港口、公路运输、铁路运输等各类交
通方式的数据为基础来反映城市间的联系。例如 Mahutga 分析了全球航
空乘客的网络结构与世界城市体系的关系，发现世界城市体系内的权力
分布出现了适度的集中，并认为这是半边缘地区和东亚区域的城市在世
界城市等级中排名上升的结果。② 随着我国基础设施不断完善，基于基

---

① Taylor P. J. , " Cities within Spaces of Flows: Theses for a Materialist Understanding of the External Relations of Cities ", In: *Cities in Globalization*, London and New York: Routledge, 2007, pp. 276 – 285.

② Mahutga M. C. , Ma X. , Smith D. A. , et al. , "Economic Globalization and the Structure of the World City System: The Case of Airline Passenger Data", *Urban Studies*, Vol. 47, No. 9, 2010, pp. 1925 – 1947.

础设施的城市间联系引起国内地理学者的关注，研究内容集中在铁路、公路（包括高速公路）和航空等方面。李国平等引介了中心地模式和网络化模式的相关理论，分析了杭州市域交通流的分布；[①] 金凤君等分析了中国航空网络的城市网络研究；[②] 薛俊菲基于航空网络研究了中国城市体系等级结构与分布格局；[③] 吴威等分析了长三角区域的公路网路；[④] 王成金从物流企业的城市网络、区域网络、运营网络三个层次分析了中国物流网络的结构特征。[⑤]

综合来看，这一研究途径的优点在于以城市为节点，通过交通流量和流向直观地反映了城市之间的联系。存在的问题主要包括：从数据质量来看，航空客运数据一般按照航段划分，按照出发地和目的地划分的数据较少，其结果往往会突出航空中转城市的地位；从旅客构成来看，航空客运数据无法区分旅客出行目的，除了包含与世界城市功能直接相关的商务旅客外，还包含旅行度假等个人原因出行的旅客，对分析世界城市网络的真实格局造成了干扰；[⑥] 从研究跨度来看，由于通航城市在研究区域中占有较少比例，研究范围不足以完全反映区域的实际格局。

2. 基于信息流的城市网络研究

新的信息和通信技术对城市发展产生了巨大的影响，日益发达的全球通信网络在世界城市和城市网络的形成和发展中发挥了关键作用。卡斯特最早提出信息城市的概念，并从信息流动的角度分析了世界城市形成的动力基础，提出了"发展的信息模式"（information mode of de-

---

① 李国平、杨军、孙铁山等：《网络化大都市——杭州市域空间发展新战略》，中国建筑工业出版社 2009 年版。

② 金凤君、王姣娥：《20 世纪中国铁路网扩展及其空间通达性》，《地理学报》2004 年第 2 期，第 293—302 页。

③ 薛俊菲：《基于航空网络的中国城市体系等级结构与分布格局》，《地理研究》2008 年第 1 期，第 23—32 页。

④ 吴威、曹有挥、曹卫东等：《开放条件下长江三角洲区域的综合交通可达性空间格局》，《地理研究》2007 年第 2 期，第 391—402 页。

⑤ 王成金：《中国物流企业的空间组织网络》，《地理学报》2008 年第 2 期，第 135—146 页。

⑥ Derudder B., Witlox F, "An Appraisal of the Use of Airline Data in Assessing the World City Network: A Research Note on Data", *Urban Studies*, Vol. 42, No. 13, 2005, pp. 2371 – 2388.

velepment)。Malecki 利用全球主要城市所拥有的互联网骨干网络带宽与网络数量等数据发现全球范围的网络信息中心倾向于世界城市分布。[1] 全球化和信息化影响下，区域和城市空间出现许多新的特征。汪明峰等研究了中国互联网骨干网络结构与节点可达性，发现中国节点可达性基本遵循原有的城市等级体系。[2] 周一星利用国家邮政局 1999 年一日信函 OD 联系数据分析城市间的空间信息流关系。[3] 甄峰等通过梳理信息技术影响下的西方城市网络研究进展，提出我国城市网络研究的重要方向。[4]

总的来说，多个城市间的通信、电话等联系在一定程度上反映了城市的等级体系，但复杂网络研究领域关注社会关系中的 E-mail 网络、通话网络，容易忽略地理空间要素在通信和通话网络中的作用。研究发现，E-mail 对距离不敏感，偏向于超过 3000 英里的跨洋洲际联系（transoceanic relationship）。区域层面，距离在 100 英里以内对电话联系没有多大的影响，面对面交流的频率在亲密朋友之间基本上没有减少。[5]

3. 社会文化途径的城市网络研究

为了更加全面地反映城市间的联系，运用城市间连锁网络模型，有学者从城市间政治、社会与文化维度对城市网络关系进行了研究。泰勒依托 74 个非政府组织，以及它们在 178 个城市中的办公网络数据对该城市网络（社会网络）的结构属性进行分析。[6] Scott 通过应用在巴黎工作的英国移民的 36 个半结构性访谈和为期 10 个月的巴黎田野观察，从

---

① Malecki E. J. , "The Economic Geography of the Internet's Infrastructure", *Economic Geography*, Vol. 78, No. 4, 2002, pp. 399 – 424.

② 汪明峰、宁越敏：《城市的网络优势——中国互联网骨干网络结构与节点可达性分析》，《地理研究》2006 年第 2 期，第 193—203 页。

③ 周一星：《主要经济联系方向论》，《城市规划》1998 年第 2 期，第 22—25 页。

④ 甄峰、秦萧、席广亮：《信息时代的地理学与人文地理学创新》，《地理科学》2015 年第 1 期，第 11—18 页。

⑤ Mok D. , Wellman B. , Carrasco J. , "Does Distance Matter in the Age of the Internet", *Urban Studies*, Vol. 47, No. 13, 2010, pp. 2747 – 2783.

⑥ Taylor P. J. , *World City Network : A Global Urban Analysis*, London : Routledge, 2004.

6 个侧面概括技能型移民跨国社区及其形成的社会网络的多样性。①
Beaverstock 基于对伦敦、纽约和新加坡三地金融和法律两大 APS 部门中
的 39 家企业的访谈，对全球城市网络的生产主体进行了研究。② 我国
集中出现了诸多集中于旅游网络的分析。杨兴柱等通过问卷调查收集游
客在南京市游览的旅游路线构建有向网络并进一步分析网络特征，包括
中心度、中介机会、核心—边缘结构等。③ 杨效忠等采用相似的方法研
究了跨区域的旅游合作问题，对大别山天堂寨跨界旅游网络结构和合作
进行实证分析，认为跨界旅游区的空间合作行为实际上是跨界旅游组织
之间接触交流的网络构建和重组。④

　　社会文化途径的研究弥补了仅仅从经济维度反映城市间联系的不
足，有利于更全面地揭示世界城市网络的特征和本质。然而不难看出，
囿于统计资料的局限性，直接影响到研究的精度和深度。

　　4. 基于城市创新合作的网络研究

　　一般来说，创新越发达的城市，其他城市越愿意与之合作，或者是
等级越高的城市越容易获得其他城市的创新成果，并通过与其合作进行
吸纳接收。最终导致的结果是从合作产生的创新成果来看，创新能力强
的城市与其他城市合作多，与之合作的城市也更为广泛。1999 年以来，
哥本哈根大学地理系教授 Matthiessen 采用文献计量学的方法，利用 SCI
期刊（包括医学、科学、技术领域等不同领域）中不同城市的作者合
作情况（co-authorship），研究世界范围内科学知识的创新合作情况，从
而得到基于科学知识生产的世界城市网络体系。Matthiessen 等采用
1996—1995 年和 2004—2006 年的两期数据，基于科学知识生产的总合
作情况（考虑国家内部和国际两种论文合作情况）及国际科学知识的

　　① Scott S. , "Transnational Exchanges Amongst Skilled British Migrants in Paris", *Population, Space and Place*, Vol. 10, No. 5, 2004, pp. 391 –410.

　　② Beaverstock J. V. , Doel M. A. , Hubbard P. J. , et al. , "Attending to the World: Competition, Cooperation and Connectivity in the World City Network", *Global Networks*, Vol. 2, No. 2, 2002, pp. 111 –132.

　　③ 杨兴柱、顾朝林、王群：《南京市旅游流网络结构构建》，《地理学报》2007 年第 6 期, 第 609—620 页。

　　④ 杨效忠、张捷、高铁红：《跨界旅游区的组织网络结构与合作模型——以大别山天堂寨为例》，《地理学报》2009 年第 8 期，第 978—988 页。

生产合作，划分出了城市创新能力的层域体系（见图2—2），并通过两期数据的对比，从论文合作数量和引用次数的角度，将城市划分为五个象限类型，分别为热点、总量增长但名声下降、中性、黑洞、未来成功型（数量少引用高），从而评估城市发展潜力和分析城市未来的发展走向。[①]

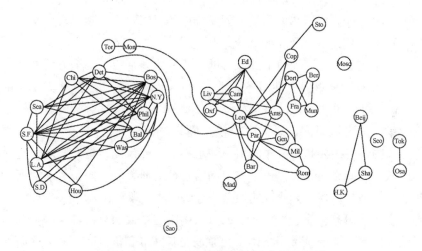

图2—2　2004—2006年世界城市知识连接性
（考虑国际前40名研究中心的论文合作情况）

资料来源：Matthiessen C. W. , et al. , "World Cities of Scientific Knowledge：System, Networks and Potential Dynamics：An Analysis Based on Bibliometric Indicators", *Urban Studies*, Vol. 47, No. 9, 2010, pp. 1879 – 1897.

中国利用文献计量学方法研究城市创新合作网络的成果并不多见，吕拉昌等采用指标体系通过因子分析方法得出中国城市体系中创新能力前25名的城市，在中国期刊全文数据库（2004—2006年发表的文章）中先设定"作者单位"在某一城市地，再在"在结果中检索"中设定合作城市，最后分类汇总，得出城市总论文数以及城市之间的科学生产

① Matthiessen C. W. , et al. , "World Cities of Scientific Knowledge：System, Networks and Potential Dynamics：An Analysis Based on Bibliometric Indicators", *Urban Studies*, Vol. 47, No. 9, 2010, pp. 1879 – 1897.

合作网络。① 汪涛等利用重庆维普期刊全文数据库，以 2000—2009 年发表的生物技术领域的合著论文作者信息统计数据为数据源，从省级层面运用 UCINET 和 ArcGIS 软件分析知识网络的空间结构特征及演化规律。②

该研究的优点在于数据的可获得性强，便于控制。但其研究刚刚起步，研究方法还有待考证。同时，合作发表文章只能是知识交流的一个方面，因此这些数据在说明技术创新合作的时候将会出现局限性。

5. 企业组织视角下的城市网络研究

企业组织和生产视角下的城市网络研究主要从以下两个方面展开。

（1）基于全球生产性服务企业和金融业的研究。以泰勒为代表的 GaWC 小组采用"连锁网络模型"（interlock network）对全球城市网络进行了大量实证研究，研究内容包括网络特征、网络演化、动力机制等。我国学者主要是对方法的引介和承接，研究尺度包括全国和部分城市区域，在研究内容上侧重于城市网络特征的研究和不同服务功能所构建的网络差异分析。如张晓明对长三角巨型城市区域的研究。③ 唐子来等从生产性服务企业、城市节点、城市网络三个层面分析了中国大陆地区生产性服务业的城市网络体系，通过关联网络和价值区段的方法研究了经济全球化背景下长三角区域的城市体系演化。④ 尹俊等分析了基于金融企业布局的中国城市网络格局。⑤

（2）基于跨国公司和上市公司数据的研究。Alderson 和 Beckfield 应用社会网络分析方法对 446 个最大规模的跨国公司及其分支机构在 3692

① 吕拉昌、李勇：《基于城市创新职能的中国创新城市空间体系》，《地理学报》2010 年第 2 期，第 177—190 页。

② 汪涛、Stefan Hennemann、Ingo Liefner 等：《知识网络空间结构演化及对 NIS 建设的启示——以我国生物技术知识为例》，《地理研究》2011 年第 10 期，第 1861—1872 页。

③ 张晓明：《长江三角洲巨型城市区特征分析》，《地理学报》2006 年第 10 期，第 1025—1036 页。

④ 唐子来、赵渺希：《经济全球化视角下长三角区域的城市体系演化：关联网络和价值区段的分析方法》，《城市规划学刊》2010 年第 1 期，第 29—34 页。

⑤ 尹俊、甄峰、王春慧：《基于金融企业布局的中国城市网络格局研究》，《经济地理》2011 年第 5 期，第 754—759 页。

个城市的地理分布数据进行了分析。① Frank 等通过问卷调查的方式，利用荷兰兰斯塔德1676家企业的数据，选取每个企业买卖关系中与之联系紧密度前十位的企业，通过企业之间的合作关系所构建的城市网络，进一步研究了城市间的空间作用与功能互补。② 于涛方等利用世界500强在长三角的投资分析，从行业分异的角度研究了不同行业在长三角的空间分布特征。③ 从企业区位选择和城市区域空间分布的经济地理学和城市地理学相结合的视角，有学者通过中国制造业企业500强的数据，探讨了全球化与信息化背景下基于企业空间组织的中国城市空间分布格局及其网络体系特征。④ 李仙德基于中国上市公司企业网络数据库，通过构建企业网络与城市网络的内在逻辑关系，围绕长三角的城市网络结构、长三角对中国城市网络的引力、长三角与境外经济联系等方面展开研究。⑤

以上两种方法的共同点在于是以企业全球或区域布局策略为出发点，通过企业不同分支机构之间的内部联系来表征跨区域城市之间的联系。不同点在于数据的选择上，即选择的企业类型不同，以泰勒为首的GaWC 基于生产性服务业企业的区位策略，而 Alderson 等则采用《财富》全球500强跨国公司的地理布局信息，不考虑企业的类型。⑥ 企业的行业属性不同，其规模和布局策略等也会存在较大差异，从而形成不同的联系特征。以生产性服务业为表征的城市网络研究方法主要针对同一公司的垂直联系，虽然不能全面揭示不同类型的企业之间以及企业内

---

① Alderson A. S., Beckfield J., "Power and Position in the World City System", *American Journal of Sociology*, Vol. 109, No. 4, 2004, pp. 811 – 851.

② Frank van Oort, Martijn Burger, Otto Raspe., "On the Economic Foundation of the Urban Network Paradigm: Spatial Integration, Functional Integration and Economic Complementarities within the Dutch Randstad", *Urban Studies*, Vol. 47, No. 4, 2010, pp. 1 – 24.

③ 于涛方、吴志强：《1990 年代以来长三角地区"世界500强"投资研究》，《城市规划学刊》2005 年第 2 期，第 13—20 页。

④ 武前波、宁越敏：《中国城市空间网络分析——基于电子信息企业生产网络视角》，《地理研究》2012 年第 2 期，第 207—219 页。

⑤ 李仙德：《基于上市公司网络的长三角城市网络空间结构研究》，《地理科学进展》2014 年第 12 期，第 1587—1600 页。

⑥ Alderson A. S., Beckfield J., "Power and Position in the World City System", *American Journal of Sociology*, Vol. 109, No. 4, 2004, pp. 811 – 851.

部同等级分支机构之间的联系，但由于其研究方法的不断成熟以及在关系型数据获取上的优势，它成为目前基于城市经济功能网络联系的有效工具。

表 2—5　　　　　　　　　城市网络实证研究方法述评

研究载体	数据来源	研究述评
交通基础设施	航空、公路、铁路发生量	数据质量、研究范围均有缺陷
信息流	互联网、宽带、电话	易忽略地理空间要素的作用
社会文化途径	非政府组织、移民流动	统计资料的局限性明显
知识创新合作	文章作者的合作	只能反映知识交流的一个方面
企业组织	跨国公司、生产性服务业	针对同一公司的垂直联系

三　生产性服务业与城市关系研究

（一）生产性服务业的集聚特征和区位选择

生产性服务业的空间集聚是其追求外部规模经济和效益最大化的必然结果。Illeris 和 Philippe 指出由于生产和消费在时间和空间上的不可分性，以及非物化、不可储存性等特点，导致服务业比制造业更依赖本地市场的容量，空间集聚效应更强。[①] 从全球或国家层面来看，生产性服务业高度集聚于大都市区布局。Beyers 研究发现，1985 年美国有90%的生产性服务业集中在大都市区，占总就业的83%。[②] 之所以选择在大都市区，与生产性服务业具有知识密集性、生产与消费同时进行性等属性密切相关。大都市区具有同时接近消费者和企业管理总部，信息和交通设施便利，专业技术人员集中，有利于提供创新活动、信息交流

[①]　Illeris S．，Sjoholt P．，"The Nordic Countries：High Quality Services in a Low Density Environment"，*Progress in Planning*，Vol. 43，No. 3，1995，pp. 205 – 2211.

[②]　Beyers W. B．，"Producer Services"，*Progress in Human Geography*，Vol. 17，No. 2，1993，pp. 221 – 2311.

和集体学习的外部环境等诸多优势。^① 对于其集聚的原因，Michalak 和
Fairbairn 利用实际调查法提出以下几点：（1）接近消费者；（2）方便
取得市场与生产者和竞争者之间的信息；（3）接近互补性专业行业；
（4）交通便利；（5）专业技术人员的集中地区；（6）靠近一些企业的
管理中心总部。^② Daniels 指出，尽管随着信息技术的发展，以往所需要
的面对面联系的方式所发挥的作用并不十分突出，但其他许多因素，如
传统和威望等人为因素，以及劳动力等经济因素仍会促使生产性服务业
向大都市集聚。^③

从区域和城市内部层面的研究发现，生产性服务业集中布局于都市
区的中心城区和城市的 CBD 地区，如英国的商务服务业主要集聚在为
数不多的几个中心城区。亚太地区的研究者也发现，生产性服务业主要
集中在大城市，或者说是城市网络中重要的节点城市和门户城市。^④ 对
于其区位选择的影响因素，赵群毅等通过问卷调查、企业访谈、模型检
验等方法对北京市生产性服务业进行研究，发现交通便捷性、地价和租
金、配置设施条件、劳动力资源、区位的声望等同样影响着我国生产性
服务企业在大都市区内部的区位选择，同时优惠政策、政府办事效率等
西方理论所忽视的政府力量也发挥着十分重要的作用。^⑤ 李小建根据服
务业职能的不同，分三大类讨论了服务业的区位选择：（1）发挥着管
理职能的业务中心和办公机构，如各企业的管理总部等，具有高度的决
策权和权威性，主要布局在市中心，具有极强的向心性。（2）企业的
子公司和部门中心，以具体的营销管理活动为主，多布局于城市的次级
中心区；（3）从外部支援企业活动的职能，如金融、保险、房地产行

---

① Aguilera A., "Services Relationship, Market Area and the Intrametro-politan Location of Business Services", *The Service Industries Journal*, Vol. 23, No. 1, 2003, pp. 43 – 58.

② W. Michalak, K. J. Fairbairn, "The Location of Producer Services in Edmonton", *Canadian Geographer*, Vol. 37, No. 1, 1993, pp. 2 – 16.

③ Daniels P. W., "Foreign Banks and Metropolitan Development: A Comparison of London and New York", *Tijdschrift voor Economische en Sociale Geografie*, No. 77, 1986, pp. 269 – 287.

④ O'Connor K., Hutton T. A., "Producer Services in the Asia Pacific Region: An Overview of Research Issue", *Asia Pacific Viewpoint*, No. 2, 1998, pp. 139 – 143.

⑤ 赵群毅、谢从朴：《都市区生产者服务业企业区位因子分析——以北京为例》，《经济地理》2008 年第 1 期，第 38—43 页。

业，具有很强的向心性。同时，认为服务性企业选择某一个城市布局时，主要考虑几个因素：（1）该城市能够接受企业服务的规模和范围；（2）服务区的人口数量和消费偏好；（3）总体消费能力和消费量的分配状况；（4）不同服务行业的总体消费潜力；（5）其他竞争者的数量、规模、质量；（6）竞争程度等。①

表 2—6　　　　　　　　　生产性服务业区位选择因子

年份	学者	区位因子
1985	Daniels	集聚经济、具有技术和专业知识的人力资源、基础设施等
1987	Dintercn	交通通达性、整体商务环境、区位影响力、办公设施条件、用地条件
1989	Beyers	接近客户、交通和通信通达性、基础设施、办公楼成本、公司决策者的个人爱好、劳动力整体素质等
1990	Goe	大型、不同企业团体之间的联系等
1990	Illeris，Akobsen	高素质的劳动力市场、接近信息源、整体商务环境、成本因素等
1991	Martinelli	信息技术、交流成本、地理接近性、专业化水平等
1991	Monnoyer，Philippe	接近客户、技术变化、企业发展战略、创新等
1992	Kristiansen	接近客户、本地市场情况、劳动力整体素质、决策者个人区位爱好等
1993	Michalak	接近消费者、信息获取、互补性行业、交通条件、专业技术人员等
1993	Fairbaim Illeris	便利设施、政策支持、劳动力分工体系、信息技术等
1995	Peser	接近客户、交通通达性、劳动力市场、信息交流便捷、接近国际机场、低成本、环境和知名度等
1995	Marshall，Wood	接近相关、易达性相关和环境相关等
1998	Roberts	服务交易的频率、持续时间、复杂性、相互关联性等
2002	Keeble，Nachum	交通便利、区位形象、临近客户、方便到达机场、易获得专家、高质量商务服务等

---

① 李小建：《经济地理学》，高等教育出版社 2003 年版。

续表

年份	学者	区位因子
2005	Searle，Gerard	接近企业客户、熟练的专业技术人才、广告公司等
2009	Han，Qin	顾客区位、协作或外包企业、交易活动中专业人才的居住偏好、城市结构、劳动力市场状况、规划约束等

资料来源：刘曙华：《生产性服务业集聚对区域空间重构的作用途径和机理研究——以长江三角洲地区为例》，博士学位论文，华东师范大学，2012 年。

（二）生产性服务业和城市服务功能提升

生产性服务业的快速发展是产业结构升级和经济服务化的重要产物，生产性服务业和城市功能的密切关系一直是学术界关注的重点。生产性服务业是二战后发达国家就业增长最快的部门，就其促进就业增长和经济转型方面来讲，生产性服务业在创新、投资等方面具有重要的战略作用。Bailly 研究了欧洲生产性服务业的布局趋势发现，随着金融贸易和生产性服务业的全球化程度提高，世界城市集聚了更多的企业总部和国际贸易服务。[1] 伦敦、纽约和东京三大世界城市的发展研究也证实，正因为它们是全球经济管理和金融服务的中心城市，才使生产性服务业在城市地区不断地进行着空间上的集聚和功能上的优化。

在都市区内部，服务业同样发挥着十分重要的作用，已经成为许多大都市区巩固工业空间综合体以及带动收入和总就业增长的主导产业部门。Hansen 认为生产性服务业的输出可以为区域发展带来增长动力，提升区域发展整体水平。[2] Harrington 研究发现生产性服务业对美国区域就业、居民收入提高和税收增长具有重要作用，有力地提升了区域经济增长效率。[3] 生产性服务业不仅仅是知识进步和技术创新的主体，同时也是将知识和技术向其他产业扩散的主体。同时，相关研究表明，生产性服务业是城市的基本经济活动，有助于提高城市的对外服务能力。

---

[1] Bailly A. S. , "Producer Services Research Europe", *Professional Geographer*, No. 1, 1995.

[2] Hansen N. , "Do Producer Services Induce Regional Development?", *Journal of Regional Science*, Vol. 30, No. 4, 1990, pp. 465 – 476.

[3] Harrington S. , "The Suburbanization of Producer Service Employment", *Growth and Change*, Vol. 28, No. 3, 1997, pp. 335 – 359.

Coffey 强调地域外的需求对生产性服务业发展具有重要意义，并将生产性服务业对外输出作为地域基本经济活动的重要组成部分。[1] Raff 和Ruhr 的研究表明，生产性服务业的多样性有助于降低东道国的制造业成本，促使当地的投资环境变得更有吸引力，制造业的 FDI 也会相应增加。[2] 生产性服务业通过当地的基本经济活动，提高当地基本经济活动的竞争力，对区域经济增长产生影响（如图 2—3）。

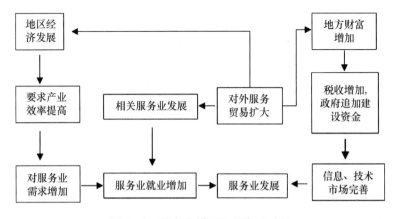

图 2—3　服务业循环累积发展过程

资料来源：钟韵：《区域中心城市与生产性服务业发展》，商务印书馆 2007 年版。

（三）生产性服务业与区域空间布局优化

经济全球化进程中，生产性服务业高度发达成为大都市区发展的重要特征，对促进区域空间布局、产业结构优化、社会分工深化以及服务专业化和市场化的提升有重要的意义，其区域空间重组成为引人注目的空间过程。生产性服务业通过作用于创新、投资、技术进步、就业、基础设施等方面对经济发展和城市空间产生影响。Sirat 以马来西亚吉隆坡为例研究了都市区生产性服务业发展及其增长管理问题，发现生产性服务业的增长可以改变都市区的空间特征，再次表明全球市场的力量以及

---

① Coffey W. J., "Producer Services in Canada", *Professional Geographer*, No. 1, 1995.

② Raff Horst, M. Von der Ruhr., *Foreinh Direct Investment in Producer Services*: *Theory an Empirical Evidence*, CES-Ifo Working Paper, 2001.

国家的发展政策在重塑大都市区地理空间布局上的重要作用。[①] Zhong 和 Yan 研究了珠三角生产性服务业发展与城市等级之间具有内在的联系，认为生产性服务业发展水平越高，其所属城市的服务功能和中心性就越强。[②] 甄峰等从城市商务中心功能的强化与边缘商务空间的培育、信息产业密集区出现和学习型区域的空间重构等方面，分析了南京城市生产性服务业空间变化及其所带来的空间结构转型。[③] 生产性服务业的发展不仅带动了自身规模的增加和就业结构的变化，同时也促进了区域生产方式的转变以及城市空间结构的重构。[④] 全球城市产业转型升级推动城市空间重构，而城市经济服务化推动了中心城区更新重建和城市空间扩张。因此，服务业可推动城市产业空间与居住空间重组。

一方面，产业布局正在由以制造业为主向服务业（尤其是生产性服务业）与制造业在空间上混合布局的模式转变，这种产业转型升级的过程会带来区域产业空间的重构。另一方面，由于生产性服务业自身所具有的经济属性和空间选择性，产生的空间效应也存在一定的差异。就前者而言，生产性服务业在城市部分地区集聚而形成核心区或中心区，其他地区则成为受其支配的外围区，从而促进区域空间布局优化。[⑤] 从生产性服务业内部来看，行业差异导致区域经济的服务功能形成明显的等级性和层级性，促进区域内的劳动空间分工和产业地域分工。

---

① Sirat M. , " Producer Services and Growth Management of a Metropolitan Region：The Case of Kuala Lumpur, Malaysia", *Asia Pacific Viewpoint*, Vol. 39, No. 2, 1998, pp. 221 –235.

② Zhong Yun, Yan Xiaopei, "Relationship between Producer Services Developing Level and Urban Hierarchy—A Case Study of Zhujiang River Delta", *Chinese Geographical Science*, Vol. 18, No. 1, 2008, pp. 1 –8.

③ 甄峰、刘慧、郑俊：《城市生产性服务业空间分布研究：以南京为例》，《世界地理研究》2008 年第 1 期，第 24—31 页。

④ 韩锋、张永庆、田家林：《生产性服务业集聚重构区域空间的驱动因素及作用路径》，《工业技术经济》2015 年第 7 期。

⑤ 刘曙华、沈玉芳：《生产性服务业的空间研究进展及其评述》，《地理科学进展》2011 年第 4 期，第 498—503 页。

四　基于生产性服务业的城市网络研究

（一）城市网络构建的基础

由于生产性服务业空间集聚的不均衡性，生产性服务业在不同城市的布局存在着显著差异，生产性服务水平的高低影响着城市等级体系的形成。生产性服务业分布的区域差异以及服务行业内部的功能差异，会产生不同的空间效应，空间分布差异会促进核心—边缘结构的形成，而行业差异会导致区域的服务功能形成明显的等级性和层级性。Bally 分析了高端生产性服务业对空间不均衡的影响，认为高端生产性服务业和高度专业化的信息流在全球城市集中促使了空间极化格局的形成。[①] 在此基础上，通过分析服务业与全球城市系统的关系，Daniels 发现生产性服务业发展与全球城市体系形成存在紧密的联系。同时，他又进一步探讨了亚太地区生产性服务业的发展与城市转型的内在关系。[②] Noyelle 等通过对全球化趋势下美国生产性服务业的研究发现，高端生产性服务业在少数几个城市的集聚改变了美国的城市体系结构，在新的城市体系等级结构中，首位城市的地位更加突出。[③] 国内的相关研究也发现了类似的规律，钟韵等对珠三角的研究表明，珠三角生产性服务业发展与城市等级之间具有内在的联系，生产性服务业发展水平越高，其所属城市的服务功能和中心性就越强。[④] 相关学者对其形成的等级体系进行了初步划分，刘曙华等研究发现生产性服务业的专业化程度和市场范围的大小与其所布局城市在城市等级序列中的排位相对应（以城市规模大小为

---

① Bally A. S. , "Producer Services Research in Europe", *Professional Geography*, Vol. 29, No. 1, 1995, pp. 21–26.

② Daniels P. W. , Dinteren J. H. J. , Monnoyor M. C. , "Consultancy Services and the Urban Hierarchy in Western Europe", *Environment and Planning A*, No. 24, 1992, pp. 1731–1748.

③ Noyelle T. J. , Stranbach T. M. , *The Economic Transformation of American Cities*, Towands: Rowan and Allenheld Inc, 1984.

④ 钟韵、闫小培：《我国生产性服务业与经济发展关系研究》，《人文地理》2003 年第 5 期，第 46—51 页。

标准），在全球层面内形成国际性城市—国家中心城市—地区中心城市
的等级体系，其中高端生产性服务业在世界城市网络的评估中处于核心
地位。[①] 不仅如此，金融业作为生产性服务业最具代表的一个部门，存
在着明显的空间集聚等级体系。孙剑根据腹地半径和金融集聚度的不
同，将全球城市体系分为全球城市、国际性中心城市、区域性中心城市
和其他一般城市（见图2—4）。[②] 综合来看，生产性服务业发展水平越
高的城市，其服务功能和中心性越强，尤其是中心城市对生产性服务业
表现出了较强的吸引力，生产性服务业是城市功能的一个重要方面，是
评价城市等级体系的必要前提，随着它在城市发展中的作用越发突出，
生产性服务业视角下的城市网络构建更加有意义。

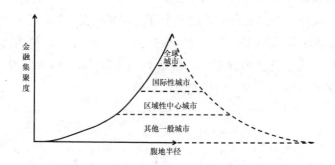

图2—4　城市体系与金融服务业集聚的等级体系

（二）城市网络构建的方法：连锁型网络模型（Interlock Network）

随着城市体系向城市网络研究范式的转变，泰勒和他的团队对生产
性服务业视角下的城市网络研究做出了很多开创性的工作，其中最为重
要的是在2001年首次提出用生产性服务公司数据分析世界城市网络的
方法，即连锁型网络模型。该模型的出发点是基于Sassen所提出的生产
性服务业在世界城市形成中的重要作用，依托生产性服务业企业的总部

———————

① 刘曙华：《生产性服务业集聚对区域空间重构的作用途径和机理研究：以长江三角洲
地区为例》，博士学位论文，华东师范大学，2012年。

② 参见申玉铭、吴康、任旺兵《国内外生产性服务业空间集聚的研究进展》，《地理研
究》2009年第6期，第1494—1507页。

和不同级别分支机构在全球城市体系中的分布情况，通过企业之间的连接关系，构建全球不同城市之间的网络关系。该模型包含三个层面的要素：（1）世界经济尺度的系统层面，网络得以运行并提供服务。（2）城市尺度的节点层面，由生产性服务企业的区位选择确定。（3）公司尺度的次节点层面，即在全球范围内提供金融、商务、咨询等服务的生产性服务业企业（见图2—5）。具体操作方法分为三个步骤：（1）建立"100家公司×316个世界城市"的数据库，其中包含公司的规模和对外服务功能；（2）按照公司办事处的重要程度，将公司办事处从0—5赋值；（3）计算城市之间的网络连接度（network connection），衡量城市之间的网络连锁关系，借此比较全球城市网络中不同城市的地位。[1]在关系型数据的获取方面，该方法将生产性服务业分为会计、广告、银行金融、保险、法律和咨询管理六个部门，并根据不同行业中跨国公司的排名情况，筛选出100个生产性服务公司，通过公司网站信息和相关宣传资料，建立自己的数据库，包括 GaWC 2000 和 GaWC 2004，作为生产性服务业视角下城市网络研究的基础。

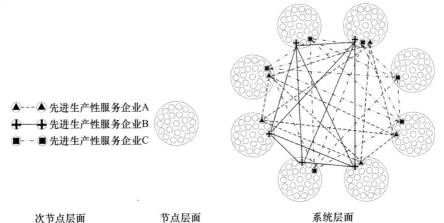

▲---▲先进生产性服务企业A
✚—✚先进生产性服务企业B
■---■先进生产性服务企业C

次节点层面   节点层面   系统层面

图2—5 连锁型网络的三个层次

① Taylor P. J. , "Specification of the World City Network", *Geographical Analysis*, Vol. 33, No. 2, 2001, pp. 181 – 194.

（三）城市网络的特征分析

生产性服务业引入城市网络的研究始于西方学者对世界城市和世界城市体系的关注，因此其研究成果多集中于世界城市网络的研究。借助于连锁型网络模型得到的网络关联度，剔除联系度比较低的城市，筛选出前 123 个城市，利用主成分分析方法，采取二元分析、五元分析和十元分析，分别对全球城市网络的基本框架进行了探索性研究。泰勒等发现关联度较高的地区主要包括美国城市、亚洲—太平洋城市、欧洲—德国城市和老英联邦城市这几大类。[①] 并在 2002 年通过 "100 家公司 × 316 个世界城市" 的数据库，对 316 个城市的网络连接度进行了分析（见表2—7）。Derudder 等利用以上方法对 234 个国家的网络发展趋势和区域模式进行研究，并划分出了 22 个城市区域。[②]

表 2—7　　　　　　　2002 年网络连接度排名前十位的城市

排名	城市	所属国家	总的网络连接度	相对网络连接度
1	伦敦（London）	英国	63399	0.01556
2	纽约（New York）	美国	61895	0.01552
3	香港（Hong Kong）	中国	44817	0.01100
4	巴黎（Paris）	法国	44323	0.01087
5	东京（Tokyo）	日本	43781	0.01076
6	新加坡（Singapore）	新加坡	40909	0.01003
7	芝加哥（Chicago）	美国	39025	0.00957
8	米兰（Milan）	意大利	38265	0.00938
9	洛杉矶（Los Angeles）	美国	38009	0.00932
10	马德里（Madrid）	西班牙	37698	0.00924

资料来源：Taylor P. J. , Catalano G. , Walker D. R. F. , "Measurement of the World City Network", *Urban Studies*, Vol. 39, No. 13, 2002, pp. 2367 – 2376.

[①] Taylor P. J. , Walker D. R. F. , "World Cities：A First Multivariate Analysis of Their Service Complexes", *Urban Studies*, Vol. 38, No. 1, 2001, pp. 23 – 47.

[②] Derudder B. , Taylor P. J. , Witlox F. , et al. , "Hierarchical Tendencies and Regional Patterns in the World City Network：A Global Urban Analysis of 234 Cities", *Regional Studies*, Vol. 37, No. 9, 2003, pp. 875 – 886.

随着利用生产性服务企业的数据研究世界城市网络格局的理论和方法不断成熟，其研究范围也从世界城市网络逐渐深入国家或区域格局，并且就生产性服务业的不同部门，尤其是金融业展开研究。Meyer 利用泰勒等提出的方法研究了拉丁美洲国家的城市网络联系，发现其与美国的联系最为突出。[1] Thrift 调查分析了外国银行在国际金融中心的发展情况，进一步筛选出伦敦的金融公司的国际网络联系程度。[2] Lynch 和 Meyer 基于法律公司的分支体系分析了美国世界城市的等级结构。[3] Daniels 等利用顾问管理服务的数据分析了西欧的城市等级体系。[4] Frank 等运用城市网络分析模型考察了 Randstad 都市区的内部一体化概况，该地区占荷兰 GNP 的 50%，其都市区内部并没有形成明显的功能和空间的一体化，已有的政策应该注重向都市区内部的更小地区倾斜。[5] Hoyler 基于全球城市网络的研究，分析了 2000—2008 年期间德国的 14 个城市融入世界城市网络的程度，通过 14 个城市的全球城市地位以及国家区域网络模型发现，14 个城市在全球城市网络中的地位有所下降，而 14 个城市之间的联系也出现了集中化的趋势（见图 2—6）。[6]

---

① Meyer D., "The World System of Cities: Relations between International Financial Metropolises and South American Cities", *Social Forces*, Vol. 64, No. 3, 1986, pp. 553 – 581.

② Thrift N., "The Fixers? The Urban Geography of International Commercial Capital", In: Henderson J., Castells M., *Global Restructuring and Territorial Development*. Beverley Hills, CA: Sage, 1987, pp. 203 – 233.

③ Lynch J., Meyer D. R., "Dynamics of the US System of Cities, 1950 to 1980: The Impact of the Large Corporate Law Firm", *Urban Affairs Quarterly*, No. 28, 1992, pp. 38 – 68.

④ Daniels P. W., Dinteren J. H. J., Monnoyor M. C., "Consultancy Services and the Urban Hierarchy in Western Europe", *Environment and Planning A*, No. 24, 1992, pp. 1731 – 1748.

⑤ Frank van Oort, Martijn Burger, Otto Raspe, "On the Economic Foundation of the Urban Network Paradigm: Spatial Integration, Functional Integration and Economic Complementarities within the Dutch Randstad", *Urban Studies*, Vol. 47, No. 4, 2009, pp. 1 – 24.

⑥ Hoyler M., "External Relations of German Cities through Intra-firm Networks—A Global Perspective", *Raumforsch Raumordn*, No. 69, 2011, pp. 147 – 159.

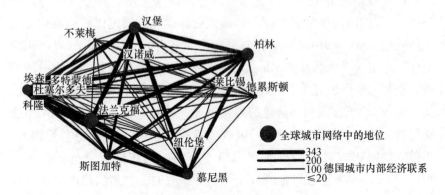

图2—6 14个德国城市基于生产性
服务业的空间经济联系

(四) 城市网络的动态演化研究

生产性服务业在空间上集聚是源于经济环境的快速变化以及由此产生的不确定性。为了应对这种不确定性，企业必须时刻改变自己的投资策略，因此高级生产性服务企业的分支机构产生变动的主要原因包括：(1) 企业进入或退出一个城市，或者更新已存在分支机构的城市中的等级性；(2) 企业自身经营问题，如由于经营不善导致企业倒闭、重组或者被兼并。

表2—8　　2000—2004年"GaWC100"不同部门公司数量变化

不同部门	2000 年	2004 年
会计	18	10
广告	15	11
银行	23	18
保险	11	10
法律	16	16
管理咨询	17	15

囿于数据的获得，从区域尺度对网络演化和内在驱动机制的分析较少，现有成果主要围绕全球城市网络展开。泰勒等基于2000年和2004

年 GaWC 收集的 100 个公司数据的结构变动（倒闭、合并等）（见表
2—8），将城市的连接值（GNC）做差后标准化，通过比较标准化后的
差值变化（standardised change）的分布规律与正态分布，分离出正常
变化和非正常变化两种变化形式，并进一步通过政治假说、集中分散假
说、全球地理假说等 8 个假设的回归判断简单分析了城市网络演化的驱
动因素。① 为了探究网络演化的内在机理，Renato 等建立了影响网络变
化的指标体系，包括国际贸易开放度、教育水平、集装箱港口等因素，
借助线性回归方法对全球城市网络连接度的内在机制进行了深入分
析。② Beaverstock 通过对伦敦、纽约和新加坡的金融和法律两大生产性
服务业部门所涉及的 39 家企业进行访谈，对全球城市网络的生产主体
进行了研究，并借助社会网络分析方法，通过聚焦城市—企业、国家—
部门两种联系和国家中的城市、部门中的企业等，建立了基于企业、部
门、城市和国家 4 个主要行为主体的概念模型，揭示了世界城市网络的
形成机制。③

　　随着生产性服务企业的国际化扩张，越来越多的学者关注中国少数
城市在世界城市网络中的崛起。2006 年对亚洲城市的网络连通度进行
计算后发现，2000 年北京和上海的网络连通度分别居全世界第 33 和 31
位，远低于纽约、伦敦、巴黎、东京等全球城市，2004 年网络连通度
分别上升到了第 22 和 23 位，表现出了较好的增长势头。④ 到 2008 年，
这种变化更为突出，通过比较 2000 年和 2008 年的世界城市等级网络发
现，连通度排名前 20 的城市，发现相较于伦敦、纽约、东京等典型的
全球城市，来自于新兴国家的城市（如北京、莫斯科、首尔）在世界
城市网络中的地位日益突出。从名次来看，前 20 名中，2000 年北美和

① Taylor P. J. , Aranya R. , "A Global 'Urban Roller Coaster'? Connectivity Changes in the World City Network, 2000 – 2004", *Regional Studies*, Vol. 42, No. 1, 2008, pp. 1 – 16.

② Renato A. , Orozco Pereira, Ben Derudder, "Determinants of Dynamics in the World City Network, 2000 – 2004", *Urban Studies*, Vol. 47, No. 9, 2010, pp. 1949 – 1967.

③ Beaverstock J. V. , Doel M. A. , Hubbard P. J. , et al. , "Attending to the World: Competition, Cooperation and Connectivity in the World City Network", *Global Networks*, Vol. 2, No. 2, 2002, pp. 96 – 116.

④ Taylor P. J. , Aranya R. , "A Global 'Urban Roller Coaster'? Connectivity Changes in the World City Network, 2000 – 2004", *Regional Studies*, Vol. 42, No. 1, 2008, pp. 1 – 161.

亚洲城市均为 5 个，而 2008 年北美城市降为 3 个，亚洲城市升为 9 个，名次上升显著的城市也从上海、北京扩展到深圳、广州、中国香港、中国台北等 6 个城市（见图 2—7）。[①] 这些都标志着中国少数城市开始成为世界范围城市网络的重要节点。国内学者对这种变化关注较少，运用企业联系数据进行城市网络演化的研究相对不足，机制探讨较为缺乏。

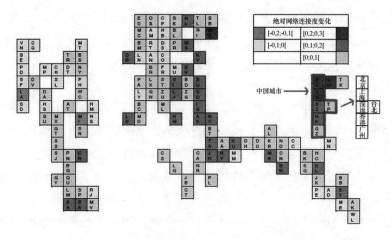

图 2—7　2000—2008 年生产性服务业全球城市网络
中节点城市的增长幅度（标准差倍数）

五　小结

综观国内外生产性服务业视角下城市网络构建的相关研究，可以看出，不同学者就网络特征和演化等进行了不同尺度的探索研究。西方开展研究较早，理论框架较为成熟；国内虽已认识到生产性服务业在构建城市网络中的重要作用，但研究深度远远不够。

一是生产性服务业视角下城市网络的理论框架有待构建。基于生产性服务业的城市网络研究涉及企业区位选择理论、集聚经济理论、网络

---

① Derudder B. et al.，"Pathways of Change：Shifting Connectivities in the World City Network，2000 – 2008"，*Urban Studies*，Vol. 47，No. 9，2010，pp. 1861 – 1877.

空间理论等诸多领域，而现有研究仍拘泥于本学科之内。因此，首先应从行业的角度，分析生产性服务业的行业属性，其次从企业的角度，甄别影响企业区位选择的因素，企业内部的管理模式和组织结构对企业网络的影响，最终建立生产性服务业企业布局和城市网络之间的耦合关系。

二是发展中国家区域尺度的城市网络特征研究有待深入。基于生产性服务业的城市网络研究主要源于世界城市网络的研究，容易忽视那些联系较弱但更为广泛的正在全球化的城市。随着部分发展中国家生产性服务业集聚效应的提高，对其所构建的城市网络的研究具有重要的理论和现实意义。

三是城市网络形成的驱动机制以及未来发展趋势有待探讨。在网络模型中，城市之间的联系表现为垂直联系和水平联系并存，城市的等级变化表现为在网络节点地位的提高、巩固或者降低。通过研究制造业发展基础、创新要素、技术条件等因素在城市网络时空演化中的作用与机理，采用多元回归、空间关联模型等定量方法探究生产性服务业视角下的城市网络演化机理，进一步补充基于生产性服务业视角的城市网络研究理论框架。

第三章

基于生产性服务业
城市网络的理论分析

20 世纪 80 年代以来，产业分工日益细化，制造业为了提高经济效益和完善自身管理水平，不断把内部的设计、研发、咨询等非核心服务部门剥离，这就产生了独立于制造企业之外的生产性服务机构。伴随着全球产业结构由"工业经济"向"服务经济"转型，生产性服务业逐步取代制造业成为地区经济增长的主要动力和产品创新的重要源泉。同时，经济全球化和信息技术的迅猛发展，有力地推动了城市网络的形成，生产性服务业因其所具有的特殊经济属性和全球战略布局的特征，在这一过程中的关键作用受到越来越多研究者的重视。本书试图整合有关研究成果，探讨生产性服务业与城市网络构建的内在关联，进一步探讨未来研究方向和重点，以期为后续研究提供有益指引。

一　城市网络的理论解释

（一）城市网络的构成要素

根据《人文地理学词典》的定义，网络是指永久性设施（公路、铁路或管道）或定时服务（汽车、火车或飞机）形成的运输网络。现在该概念已经扩展到政治和管理边界、社会联系和电话通信等各类连通模式。一般情况下，主要从三个方面对城市网络进行识别。

1. 网络的节点层级

在网络拓扑学中，节点是网络任何支路的终端或网络中两个以上支路相互连接的公共点。在交通运输学中，节点一般指交通网络中主要的终点和交叉点。在城市网络研究中，节点不仅仅是人口、商品和信息高度聚集地区，更强调节点的对外输出功能。因此，在整个网络运行系统中，节点所发挥的作用是有差异的。根据节点是否参与网络构建，可以分为连接节点（connected node）和孤立节点（isolated node）；根据流动要素不同的传承关系，分为发送点（sending node）、接受点（receiving node）和传递点（transfer node）；根据节点在整体网络中作用强度的不同，分为高强度节点、中强度节点和低强度节点。

在城市网络中，强调城市由中心性（centrality）向节点性（nodality）的转化，节点城市在整个网络中的地位，很大程度取决于城市在对外连接中所发挥的作用。基于此，本书主要研究城市作为连接节点的关系型特征，即运用连接节点的对外综合联系强度，对其层级特征进行划分，进一步分析不同连接节点在网络中所发挥作用强度的不同。

2. 网络的连接度

连接线是网路节点之间相互联系的通道，城市网络连接线代表了节点城市之间的人口、商品和信息等要素的流动。因此，根据网络连接线所承担作用的不同，可以分为主干线、支线等；根据连接线是否依赖地理空间来判断，可以划分为实空间线和虚空间线，如铁路、公路等交通运输实现的可视化的网络联系，其中的交通线即为实空间线，而互联网、电话、企业联系等实现的虚拟化的要素流动，主要通过虚空间线。

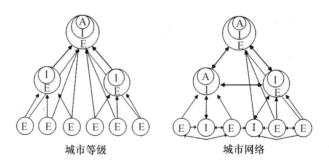

城市等级   城市网络

图3—1　城市等级和城市网络联系比较

资料来源：汪明峰、高丰：《网络的空间逻辑：解释信息时代的世界城市体系变动》，《国际城市规划》2007 年第 2 期，第 36—41 页。

根据连接线所涉及连接节点的范围、所形成的联系大小差异，形成了不同的联系强度，即连接度。连接线的方向、连接度的大小等不同，又会构成不同的网络关联模式。区别于城市等级系统，在城市网络中，城市联系方向是介于节点之间的双向流动。从联系主体来看，中心地模式下的经济联系主要遵循行政等级体系，而在经济一体化背景下的网络联系主体是企业，主体之间的水平联系增强，联系的方式更加多样，联系的范围也更广泛（见图3—1）。[①]

3. 网络所承载的功能

从几何形状来看，网络由节点与节点之间的连接线条所组成，而城市网络所承载的功能要素是城市网络产生与发展的内在机制。城市功能是城市中所进行的生产和服务活动的总称，是由城市的各种结构（包括经济结构、技术结构等）所决定的机能。这种机能在城市与其外界的联系中表现为各种"流动空间"，通过城市之间的相互作用连接成网，对城市所在的区域发展产生重要影响。

根据城市联系尺度的不同，城市功能分为城市外向功能和城市内向功能。外向功能是城市与外界联系中所产生的经济活动；内向功能是城市内部经济联系所产生的经济活动。在城市网络研究中，城市之间的联系主要取决于城市与外界联系所产生的经济活动。一般来说，这种经济活动所涉及的要素流动可以分为物流、人流、信息流、资金流、技术流等。在城市网络中，重点关注交通基础设施网络、通信网络、创新合作网络、人口流动网络，以及各种经济网络（如跨国公司和生产性服务企业所形成的城市网络）。同时，在生产性服务业内部，金融服务业、商务服务业、科技服务业等不同部门所形成的城市网络，也存在着显著差异。

（二）城市网络的结构特征

1. 网络密度的差异性：网络节点层级形成的内在机制

由于资本、技术、劳动力等空间分布的不均衡性，以及不同区域城

---

① 汪明峰、高丰：《网络的空间逻辑：解释信息时代的世界城市体系变动》，《国际城市规划》2007年第2期，第36—41页。

市的对外开放程度、资源禀赋状况、政策环境不同，网络的选择性不可避免，各个节点之间关联的紧密程度显著不同。对于以企业为主体的城市网络的直接影响就是企业的总部和不同等级的分支机构差异性地集聚在不同城市。如果以网络价值为衡量标准，没有价值或不再有价值的节点会脱离网络，而网络价值越大，其在网络中的层级也就越高，反之则越低。网络系统中的城市，根据其发展优势的不同，其网络空间表现为层级性特征（见图3—2）。一般来讲，处于网络中层级较高的城市（如世界城市伦敦、东京等），其数目总是有限的，而层级较低的城市数目很多（见表3—1）。

在城市网络中，各层级之间并不是孤立的，而是相互联系、相互包容的整体。一方面，它们通过相互作用和相互制约，形成协同整合的统一系统；另一方面，不同层级之间表现为要素数量和种类的多寡，并呈现出不同的发展规律和系统功能，通过各自的功能分工和合作，共同作用于城市网络系统。

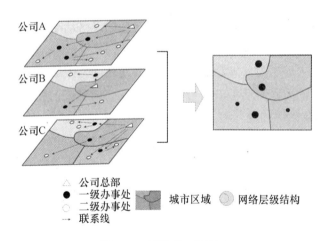

△ 公司总部
● 一级办事处　　　　城市区域　　　◯ 网络层级结构
◯ 二级办事处
→ 联系线

图3—2　网络的层级特征

表3—1　　　　　　　　泰勒与沃克的世界城市等级体系

等级	城市
世界城市	纽约、伦敦、东京

续表

等级	城市
跨国节点	巴黎、法兰克福、洛杉矶等
重要的国家或区域性节点	新加坡、苏黎世、马德里、墨西哥城、圣保罗、悉尼、汉城（现名首尔）、中国香港、多伦多、西雅图、大阪、神户等

资料来源：Taylor P. J.，Walker D. R. F.，"World Cities: A First Multivariate Analysis of Their Service Complexes"，*Urban Studies*，Vol. 38，No. 1，2001.

2. 网络联系的外部性：网络联系发生的重要基础

网络的外部性（Network Externality）缘起于新经济的研究。当且仅当任一消费者消费该商品所产生的效用随着该商品的消费人数的增加而增加，即认为某一商品的消费具有网络外部性。通俗地说，就是每个用户从使用某产品中得到的效用，与用户的总数量有关。用户人数越多，每个用户得到的效用就越高，网络中每个人的价值与网络中其他人的数量成正比。这就意味着，网络用户数量的增长，将会带动用户总所得效用的平方级增长。如果网络中有很多节点，但是单个节点之间彼此不联系，这个网络的价值只表现为自有价值。随着不断有新用户加入网络，老用户便可从中获得协同价值，这也就是 Metcalf 法则的核心所在。

在城市网络系统中，对于城市的研究不再局限于内部问题，而是从外部环境探讨节点城市的发展地位与演化过程，即城市节点的特性由自我属性研究走向相互关系研究。换一个角度来看，对于城市节点来说，处于不同位置的节点所获得的网络外部性是有差异的，连接线上的位置决定了其在网络中的地位，如同路径（path）中诸多最优（较优）路径的连接处所发挥的区位优势最大，门户位置、枢纽位置也将成为节点城市的发展优势。

3. 网络本身的复杂性：网络组织演化的主要动力

在城市网络中，人流、物流、资本流、信息流等诸多要素在城市中聚集并发生相互作用，迸发出了巨大的生产力，这主要源于城市网络系统的高度复杂性。传统上认为，网络的连接是随机的，如 ER（Erdos-Renyi）网络认为网络的节点连接数符合泊松分布，大体呈钟状。Barabasi 和 Albert 在研究万维网（WWW，world wide web）时发现网络的节点连接数符合幂律分布，鉴于幂律分布没有明显的特征长短，称为无标度网络。[1] Watts 和 Strogatz 认为网络规模虽大，仍可以通过很短的路径达到网络的任何节点，并不矛盾的是网络表现出高聚类性质，即为节点的邻居之间也偏向于发生连接。[2] 这跟 Milgram 发表的论文《小世界问题》中"六度隔离"实验结论相一致，即一个包裹或者文件在经过数次传递之后，会到达它之前确定的目标人手中（当然不是所有的传递都成功），需要平均传递大约六次，称为"小世界"网络（见图 3—3）。[3]

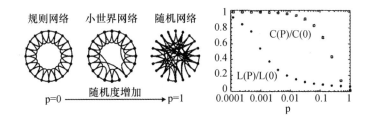

图 3—3　小世界网络模型

由于各种流要素基于区位选择、规模大小等不断相互碰撞与自我调适，城市网络系统一直处于平衡与非平衡的变化之中，这种动态变化特性正是系统能够维持下去的重要表征。通过无标度网络的研究发现，随着网络规模的增大（节点数量的增加），新增节点偏向与连接数较大的节点（集散节点）发生连接，即择优连接（preferential attachment），网络增长时表现为"富者越富、穷者越穷"的"马太效应"。[4] 随着全球分工的细化、城市化过程的推进、交通枢纽（机场）的建设等，必将促进更多的城市节点融入网络中来。城市网络的组织演化过程如何，是

　　① Barabasi A. L. , Albert R. , "Emergence of Scaling in Random Networks", *Science*, Vol. 286, No. 15, 1999, pp. 509 – 513.

　　② Watts D. J. , Strogatz S. H. , "Collective Dynamics of 'Small-word' Networks", *Nature*, No. 393, 1998, pp. 440 – 442.

　　③ Milgram S. , "The Small World Problem", *Psychology Today*, No. 1, 1967, pp. 61 – 67.

　　④ Barabasi A. L. , Albert R. , "Emergence of Scaling in Random Networks", *Science*, Vol. 286, No. 15, 1999, pp. 509 – 513.

满足高等级节点的择优连接，还是根据地理邻近性的就近选择，城市网络的动态演化特征是网络研究的未来趋势。

二 生产性服务业的区位选择

（一）生产性服务业区位选择的影响因素

1. 规模集聚因素

新贸易理论认为，规模经济与产业绝对集中度关联度较强。生产性服务企业区位模式更多的是以集聚形式存在，以此带来交易成本的降低、基础设施的可达性增强及业务机会的增多等发展优势。新经济地理学的代表人物 Krugman 等把产业空间集聚理解为向心力（市场规模效应、密集型劳动力市场和纯外部经济）以及离心力（生产要素的非流动性、地租、纯外部不经济）两种力相互作用机理，[①] 在一定程度上解释了经济活动的空间分布和集聚的运行机制。区域分工理论中，服务业在工业化时期的发展主要取决于财富效应、国际贸易等所带来的对服务需求的增加。较之于制造业，服务业的集聚效应更显著。[②] 生产性服务企业的集聚有利于享受人力资源的"蓄水池"优势和方便获得后向联系、前向联系的机会。[③] 在国家和一定区域内，生产性服务业不论是行业整体还是部分行业的空间分布，都表现出了高度不均衡和集聚特征。[④] 生产性服务业的集聚有利于企业之间的技术合作交流，进一步促进地区科技创新，同时投资环境的改善还会推动高技术专业人才的集

---

① Krugman P. R. , "First Nature, Second Nature and Metropolitan Location", *Journal of Regional Science*, Vol. 33, No. 2, 1993, pp. 124 – 144.

② Sven Illeris, Philippe J. , "Introduction: The Role of Services in Regional Economic Growth", *Service Industries Journal*, Vol. 13, No. 2, 1993, pp. 3 – 10.

③ Sven Illeris, "Producer Services: The Key Sector for Future Economic Devdlopment", *Entrepreneurship and Regional Development*, Vol. 1, No. 3, 1989, pp. 267 – 274.

④ 申玉铭、吴康、任旺兵：《国内外生产性服务业空间集聚的研究进展》，《地理研究》2009 年第 6 期，第 1494—1507 页。

聚，提高劳动生产率，形成集聚的正向效应。[1] Wood 认为知识密集型的商务服务及集聚主要通过组织结构和管理模式改进、技术创新和市场的智能化分析等三个方面推动下游厂商，进而促进开展整个经济的创新活动。[2] 生产性服务业在空间上的集聚，除了有助于降低企业成本，提升企业的绩效外，通常情况下，生产性服务业集聚和相似的社会文化也具有密切关系。[3]

2. 制造企业布局

随着产业分工日益细化，制造业为了提高经济效益和完善自身管理水平，不断把内部的设计、研发、咨询等非核心服务部门剥离，或者将制造业环节外迁，服务外置（即服务外包，Service Outsourcing）促进了地区的产业转型和结构升级。同时，制造业将服务外置以后，在原来制造业集聚的地区也会形成金融业、信息服务业、技术服务业等生产性服务业的集聚，以及其他相关的上下游关联产业的联系，进一步促进周边生产性服务业的发展。服务功能外包、劳动分工细化、技术进步、服务内容和方式的创新等，带来了生产性服务业市场的扩展和空间变化。生产性服务业的快速增长，可以有效地提升制造业各环节生产效率，提高产品附加值，增强制造业竞争力。另外，制造业的升级也需要生产性服务业提供智力支持。如果脱离制造业和其他服务业对生产性服务业的需求，发展生产性服务业就会丧失基础。因此，生产性服务业更倾向于制造企业的周边地区布局，并跟随需求者（尤其是制造企业）而移动，即需求者（尤其是制造企业）的空间决策对生产性服务企业的区位选择有重要影响。随着全球经济一体化，许多制造业跨国公司通过战略联盟、业务外包等方式在低成本地区寻找合作伙伴，开放性全球生产体系的建立促进了服务业的国际化。许多生产性服务企业往往会跟随跨国制

---

[1]　Eswaran M., Kotwal A., "The Role of Service in the Process of Industrialization", *Journal of Development Economics*, Vol. 68, No. 2, 2002, pp. 401 – 420.

[2]　Wood P., "Urban Development and Knowledge-intensive Business Services: Too Many Un-answered Questions?", *Growth and Change*, Vol. 37, No. 3, 2006, pp. 335 – 361.

[3]　R. Stein, "Producer Services, Transaction Activities, and Cities: Rethinking Occupational Categories Ineconomic Geography", *European Planning Studies*, Vol. 10, No. 6, 2002, pp. 723 – 743.

造企业进行全球扩张，即所谓的"客户跟踪"和"贸易跟踪"，选择与制造业客户相一致的区域进行跨国投资，有助于保持客户稳定，避免跨国投资风险。

3. 对外联系条件

对外联系因素主要包括交通条件和信息通信因素。从杜能、韦伯的农业区位论和工业区位论出发，交通条件一直作为影响企业区位选择和决策的最基本条件加以考虑。新经济地理学进一步提出运输的"冰山"成本问题，将运费作为空间交易成本纳入模型的考虑之中，更加突出了运输的作用。因此，交通因素是包括生产性服务业在内的所有服务业区位选择的基本要求，尤其在全球化和信息化的背景下，随着交通、通信技术的发达，能够同外界产生便捷联系的区位在企业选址中的重要性越来越突出。对于生产性服务业来说，虽然不存在运输费用的问题，但为了促进快速的信息交流和知识溢出，更强化了对外交通联系的重要性。企业一般会选择内外交通网络枢纽或节点的区位，一方面便于提高通达效率，另一方面可以通过公共交通系统将企业内部的部分成本转移为社会公共成本。① 信息技术的便捷性，是现代服务业布局的重要影响因素。生产性服务业的发展离不开信息技术的支撑和引导，信息技术改变了传统服务业的经营模式和交易方式，促进了服务方式和服务水平的创新，有利于提高服务效率。同时，信息网络技术的广泛引用，降低了面对面接触的成本，使服务业的区位选择具有更大的灵活性，推动着生产性服务企业的区位选择更加合理。以金融、保险、会计为代表的生产性服务业本身也属于信息密集型行业，其产业发展更依赖于良好的信息技术水平。生产性服务业与信息技术的融合发展，也有利于激发新产品、新服务、新业态，带动了网上银行、电子商务等新型服务业态的出现。同时，可以方便生产性服务企业更多地接近客户和同行，增加了生产性服务企业以及企业和客户之间的共享区域和内容，促进生产性服务业价值链增值。

---

① 赵群毅、谢从朴：《都市区生产者服务业企业区位因子分析——以北京为例》，《经济地理》2008 年第 1 期，第 38—43 页。

4. 知识资源和创新要素

有学者把生产性服务业比作将日益专业化的人力资本和知识资本引进商品生产部门的飞轮。从投入产出的过程来看，生产性服务业主要以人力资本和知识资本作为主要投入，作为关键要素的人才获得以及信息和知识获取的便捷性对生产性服务业的发展和空间布局有重要影响。尤其对于某些知识密集型的生产性服务业，在进行区位选择时往往偏爱高等院校和科研院所集聚度比较高的地区，以便快捷地获得信息资源、科技教育和人力资源。信息技术的快速发展，提高了信息的传递效率，改变了传统的时空观念，互联网使企业突破了以往的时空限制，为其提供了更多选择人才的机会，同时也为个人向企业推荐和展示自己提供了更多的平台，促进了人力资源的合理配置。同时，创新环境的打造对于生产性服务业的区位选择也有重要影响。通过对伦敦中心区媒体集聚区的研究发现，通过非正式的社会关系网络，以及地方化集体学习和专业劳动力流动所带来的知识交流和共享，激发了集聚区的创新活力。① 一方面，良好的创新制度可以吸引更多的知识密集型企业，有利于生产性服务企业与大学或科研机构之间建立起基于知识资源和人力资源的交流合作网络，扩大创新规模。另一方面，科技型企业也需要会计事务所、法律顾问、信息咨询企业等中介服务机构的支撑，形成创新的良性循环。

5. 城市在区域中的地位

城市在区域城市层级体系中所处的位置反映出了对周边地区和城市的影响力和辐射力。从城市发展的一般规律来看，城市功能的提升、规模的扩大、集散能力的增强以及正外部性提高，都与服务业发展呈显著的正相关。Sassen 认为区域中心城市对于跨国公司的命令和控制活动具有重要的集聚效应，层级越高的城市或地区对于生产性服务业具有更为突出的集聚作用。② 一方面，生产性服务业的发展会直接或间接地扩大

---

① Nachum L., Keeble D., *Neo-Marshallian Nodes*, *Global Networks and Firm Competitiveness*, The Media Cluster of Central London, University of Cambridge Working Paper, 1999.

② Sassen Saskia, *The Global City*: *New York*, *London*, *Tokyo*, Second Edition, Princeton, N J: Princeton University Press, 2001.

城市对包括人流、物流、信息流、资金流、技术流等各类经济要素的集聚扩散能力，提高城市在区域中的地位。反过来，城市级别越高，城市辐射能力增强，也会带动生产性服务产品在外围市场上输出总额的增加。

（二）不同行业区位选择特点分析

由于生产性服务业内部不同部门的服务方式和服务对象不同，因此对区位选择也存在着差异性（见表3—2）。分类别来看，金融、保险、证券、房地产等信息密集服务业，其办公活动不仅要求较高的交通可达性，而且要求信息获取容易、信息交流通畅，便于面对面交流接触；法律、会计事务所、咨询管理服务业对于面对面接触的要求更高，同时对于人才资源有一定要求，为了能更快捷地与顾客交流，交通区位和信息区位同样重要；计算机服务和技术研发服务业首先就是对创新人才集聚的要求，人才和智力的支持是关键，源于此，良好的创新环境以及方便人才居住和生活的环境便于该行业更好地发展；传统的物流服务业要求交通区位的可达性要好，以保证对外的连通度。Renato通过研究发现，对于银行服务业，因为企业内部有很好的人才流动机制，促进了服务人才在企业网络内部的调配，因此所在城市人力资源要素的多寡对其影响不大，而管理咨询则更需要雇用对当地比较熟悉的服务人才。同时，他还指出，在城市网络中，某些城市的地位的提升，与不同类型生产性服务业的区位选择有重要关系，如银行服务业一般会趋向于选择本行业集聚比较少的城市，而其他类型的生产性服务行业比较集中的地区，不仅保证了该地区生产性服务行业的多样化发展，同时也会间接提高该城市在城市网络中的地位。[①]

① Renato A., Orozco Pereira, Ben Derudder, "Determinants of Dynamics in the World City Network, 2000 –2004", *Urban Studies*, Vol. 47, No. 9, 2010, pp. 1949 –1967.

表 3—2   不同类别的生产性服务业的区位选择特点

行业类别	主要内容和服务方式	服务对象	区位因素
金融服务业	银行、证券等各类金融服务业，面对面网络服务	企事业单位，政府为主、个人为辅	中心性、信息通畅、可达性
保险服务业	财产、职业、人身、人寿保险等，面对面接触	企事业单位，政府为主、个人为辅	中心性、信息畅通、可达性
房地产服务业	房地产开发、咨询策划代理、物业管理等各类不动产服务，面对面接触	企事业单位，政府机关等	中心性、信息畅通、可达性
事务所	法律、会计、审计等相关服务，面对面接触	企事业单位，政府为主、个人为辅	集聚、信息通畅、可达性
咨询代理业	广告代理、市场研究、信息咨询业等服务业，面对面接触，通信手段	企事业单位，政府为主、个人为辅	集聚、信息通畅、可达性
计算机服务业	硬件与软件服务、网络服务、面对面接触，网络	企事业单位，政府为主、个人为辅	人才集中、信息通畅、创新环境好
研究与开发	自然、社会科学、工程技术等，面对面接触	企事业单位，政府为主、个人为辅	人才集中、信息通畅、创新环境、环境优美
专业技术服务	各类专业技术咨询服务业，面对面接触，通信	企事业单位，政府为主、个人为辅	人才集中、信息通畅、可达性

资料来源：方元平、闫小培：《大都市服务业区位理论与实证研究》，商务印书馆 2008 年版。

三   基于生产性服务业城市网络的形成演化机制

正如美国学者米切尔所说，"网络不承认几何学，从根本上是反空间的"。但实体空间、虚拟空间与流动空间在不同空间层面可以相互补充和体现（见图3—4）。① 基于生产性服务业的城市网络正是利用服务企业之间的联系和流动揭示了真实的城市联系。在这一过程中，发生关系互动的主体依然是城市，而生产性服务业成为网络形成的重要推手，企业选择什么样的城市布局，在城市中布局的分支机构的规模和等级如何，都将影响城市在网络中节点的变化。生产性服务业的行业属性、企业的内部因素（包括企业的组织结构和权力分配）、企业所处的环境因素（政府的重视和扶持态度和所在城市的发展条件）共同作用于这一过程。生产性服务企业选择进入或者退出城市，从而影响网络的特征和演化趋势。随着全球化影响的深入，产业分工的细化和信息技术的进步，本书从行业、企业和城市三个层面的耦合关系建立基于生产性服务业城市网络的理论框架。

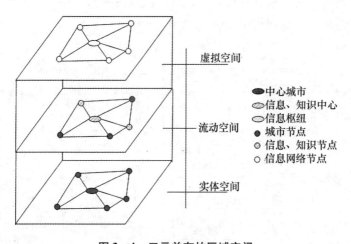

图3—4　三元并存的区域空间

　　全球化影响的不断深入，越来越多的城市开始融入全球城市网络中来，为生产性服务企业扩大市场范围提供了前提条件。随着产业门类更加细化，产业环节增加，企业开始重新组织产业链中不同功能的地理分布。尤其是信息技术的进步，不仅极大降低了生产性服务企业的投入成本，更为企业内部以及企业之间的交流提供了便利条件。以上三个背景

---

① 甄峰：《信息时代新空间形态研究》，《地理科学进展》2004年第3期，第16—26页。

为生产性服务企业选择更大范围的企业扩张提供了可能性。而形成的基于生产性服务业的城市网络具有怎样的特征，未来发展趋势如何，则由生产性服务业本身的行业属性、企业的管理模式和组织结构、所处的城市环境共同决定。如果这三个要素发挥正效应（如随着生产性服务企业生产活动不断多样化，需要形成多分部结构，同时拟选择投资的城市满足生产性服务企业职能部门的区位要求），则生产性服务企业选择进入该城市。该节点城市的服务功能提升，在城市网络中的网络连接度增大，节点层级性提高，城市网络整体的连通性增强，进一步强化网络。反之，如果这三个要素发挥的是消极作用（如企业为了降低成本，缩减分支机构，或者某一职能部门所在城市已经不能满足企业功能提升的要求），则生产性服务企业选择退出该城市。该节点城市的服务功能减弱，在城市网络中的网络连接度减小，节点层级性降低，导致城市网络整体的连通性减弱，城市网络弱化（见图3—5）。

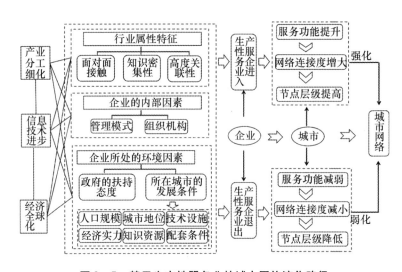

图3—5　基于生产性服务业的城市网络演化路径

（一）生产性服务业的行业属性

作为服务业的重要组成部分，生产性服务业的生产和交易具有不同于一般服务业的特征：（1）生产和消费的同时性。由于服务产品的不可储存性（perishability），即服务的生产和消费同时进行，因此面对面接触（face-to-face contact）对于生产性服务业在获得辅助服务和传递有效服务方面显得至关重要。[①]（2）知识密集性。作为典型的人力资本和知识资本密集行业，生产性服务业对于信息和知识的可获得性、更新与交流的便捷性，尤其是人力资源的要求非常突出。[②]为了降低面对面接触的成本，培养和获取高技能人才，促进企业之间的交流合作，必须通过集聚效应得以实现，并获取更多的内外部经济效应。（3）与制造企业的密切关联性。生产性服务业本身就是与制造业直接相关的配套服务业，是从制造业内部生产服务部门而独立发展起来的新兴产业。这促使服务企业在工作方式上形成与劳动空间分工相似的等级性。技术要求不高的服务生产活动，往往选择布局在具有一定优势的外围地区，而高端的、创新型的服务活动集中在总部，在总部与分支机构之间建立起等级化的劳动分工。[③]

生产性服务业是从制造企业的生产过程中分解而来，其内部行业也在不断细化，形成多元化的生产性服务业网络。在经济全球化的过程中，生产性服务业的跨国贸易迅速增长，其网络也在逐步完善，其中最大的推动力就在于大型跨国服务企业的全球化扩张及其全球生产网络的形成。迪肯的全球转移模式很好地揭示了全球化背景下跨国公司全球网络形成的复杂过程，其中包括企业内部网络中重新定位产业链的不同功能（如重新组织产业链中不同功能的地理分布），以及外部网络的合理化调整（如在全球范围内选择投资或抽回投资）（见图3—6）。[④]

宏观层面的行业属性和微观层面企业寻求比较优势的需求，共同驱动生产性服务企业的全球扩张。一方面，为了扩大市场范围，满足不同

①　Coffey W. J. , Drolet R. , Polèse M. , "The Intrametropolitan Location of High Order Services: Patterns, Factors and Mobility in Montreal", *Papers in Regional Science*, Vol. 75, No. 6, 1996, pp. 293–323.

②　Keeble D. , Nacham L. , "Why Do Busines Service Firms Cluster? Small Consultancies, Clustering and Decentralization in London and Southern England", *Transaction of the Institute of British Geographers*, Vol. 27, No. 1, 2002, pp. 67–901.

③　刘曙华：《生产性服务业集聚对区域空间重构的作用途径和机理研究——以长江三角洲地区为例》，博士学位论文，华东师范大学，2012年。

④　彼得·迪肯：《全球性转变——重塑21世纪的全球经济地图》，刘卫东等译，商务印书馆2009年版。

国家和地区对于服务产品的需求，大型服务公司开始把部分非核心功能迁移到其他地区。虽然信息技术的进步缩短了时空距离，考虑到不同国家和地区对于服务的需求不同，为了促进服务的本地化，雇用本地的人才为其提供面对面的交流和服务反而尤为重要。另一方面，作为技术和资本密集型的生产性服务企业，出于降低服务生产和供给成本的考虑，那些具有高附加值的生产要素和资源的地区对于服务企业的扩张具有明显的吸引力。因此，在全球扩张的过程中，由于生产性服务业网络的空间选择性，在不同城市的企业布局存在着显著差异，生产性服务水平的高低对城市等级体系的形成产生了重要影响。

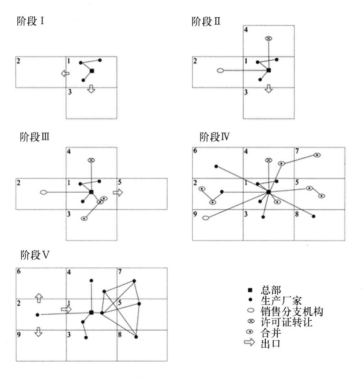

图3—6　迪肯的全球转移模式

资料来源：彼得·迪肯：《全球性转变——重塑21世纪的全球经济地图》，刘卫东等译，商务印书馆2009年版。

（二）生产性服务企业的内部因素

1. 企业网络的管理模式：权力分配

生产性服务企业以网络模式开展业务，通过不同分支机构的全球布局实现网络化经营。从企业性质看，其分支机构或为全资子公司，或为合资合作子公司；从职能角度看，或具有从管理、研发到生产等所有活动内容，或仅有其中的某一职能。同时，不同分支机构的成立年限、员工规模、生产能力等千差万别。为了促进企业网络的发展和稳定，公司总部应具有一定的权力，以对其子公司实施有效的管理和控制。同时，这种权力的不均衡分配也造成了企业网络内部不同职能部门的区位布局差异。French 和 Raven 将权力分为法定权力、强制权力、奖赏权力、专家权力和感召权力，前三种权力取决于施权者的职位和愿望，后两种权力取决于施权者的个人特征。[①] 同时，由于企业内部存在着科层制度，从高层到低层会形成一个权力序列，最高权力来自企业的资本所有权，以下权力逐渐由上级委托。海默（Stephen Hymer）从微观经济的角度研究了跨国公司组织结构与其地理形态之间的联系，并提出了"跨国公司内的劳动力内部分工是否可以相当于国际劳动力分工的问题"，认为这种组织—空间关系确实存在，公司总部倾向于集中在少数主要的大都市中心，生产单元则在发达国家边缘区域和发展中国家分散布局（见图3—7）。

迪肯就跨国公司的公司总部、研发机构和生产部门三种职能阐述了跨国公司不同单元的空间布局模式。其中，公司和地区总部的区位需求包括：（1）在全球运输和通信网络中处于战略地位，便于与组织内其他空间分散的部门保持密切联系；（2）可以获得高质量的外部服务以及一定数量的劳动力市场技能，尤其是具有信息处理能力的人群；（3）选择具有社会和人文气息的区位。[②] 一些比较大的城市更容易满足以上的区位要求。研发活动的区位选择因跨国公司的市场导向而不同，

---

① French J. , Raven B. , "The Bases of Social Power", In D. Cartwright, *Studies in Social Power*, 1959, pp. 150 – 165 .

② 彼得·迪肯：《全球性转变——重塑 21 世纪的全球经济地图》，刘卫东等译，商务印书馆 2009 年版。

母国市场导向的跨国公司很少在国外部署支持实验室类型以外的研发机构；宗主国市场导向的跨国公司倾向于布局在企业最好和最重要的海外市场；全球市场企业倾向于布局在基本的科学和技术人才比较丰富、基础设施完善的区域。生产单元的区位选择随它们在企业中所执行的特定组织和技术职能以及相关区位特定因素的地理分布的不同而变化。基于此，迪肯阐述了四种跨国公司生产单元可能采取的空间导向模式（见图3—8）。

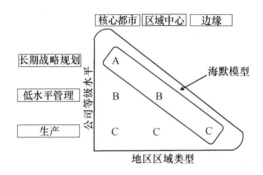

图3—7 海默模型

资料来源：彼得·迪肯：《全球性转变——重塑21世纪的全球经济地图》，刘卫东等译，商务印书馆2009年版。

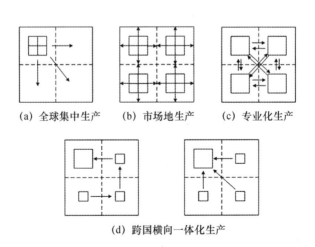

图3—8 跨国公司生产单元空间组织的形式

资料来源：彼得·迪肯：《全球性转变——重塑21世纪的全球经济地图》，刘卫东等译，

商务印书馆 2009 年版。

对于都市区内部不同职能部门的布局，Dunning 等对跨国公司"折中"理论所涉及的区位优势进行了修正。他认为传统区位优势，如生产要素禀赋、相对资源成本、存在的贸易壁垒、市场规模和政府政策等，极易被竞争对手模仿，而地方性制度文化结构、知识技术环境等资本变得更为重要。[1] 宁越敏等在此基础上将区域总部分为市场型总部、技术型总部、生产型总部和文化型总部，并分别分析了不同类型总部的微观区位选择模式，认为各种知识型的产业集群成为公司总部或分支机构在大都市区分布的优势区域（见图3—9）。[2]

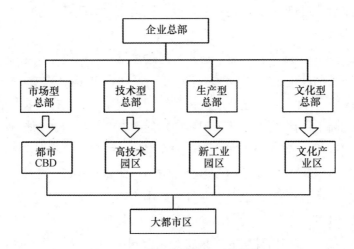

图3—9 企业总部微观区位模式

资料来源：宁越敏、武前波：《企业的空间组织和城市区域发展》，科学出版社 2011 年版。

2. 企业网络的组织结构

企业组织结构是企业对环境的反映，企业的发展是企业组织结构与

① Dunning J. M. , Lundan S. M. , *Multinational Enterprises and the Global Economy*, Cheltenham, UK and Northampton, MA, USA: Edward Elgar, 2008.

② 宁越敏、武前波：《企业的空间组织和城市区域发展》，科学出版社 2011 年版。

区域环境互相适应的过程。随着劳动分工的深化，企业不再是传统区位论中所讲的单部门组织，而是向着多部门、多区域、跨国经营的方向发展，企业组织机构也变得更为复杂。同时，这种变化也会对企业所在城市的等级产生影响。Williamson 从交易成本经济学的角度，将企业管理形态分为 U 形（一元结构）、H 形（控股公司结构）、M 形（多元结构）。其中，U 形结构又可分为直线结构、职能结构和直线职能制结构。M 形结构也可划分为产品事业部结构、多事业部结构和矩阵结构。[1] Cohen 认为，新的国际劳动分工下，跨国公司需要创造新的方式，控制更为复杂和广泛的全球运作，同时这种控制方式变得更有弹性。[2] 因此，公司内部组织结构多以网络和矩阵的形式出现。这种结构更突出了公司总部的控制职能，公司总部与分支机构之间的联系对于企业组织显得尤为重要。

从企业的空间扩张来看，迪肯等通过总结多人的研究成果发现，在企业发展的初始阶段，公司形式简单，生产单一产品，仅有一个工厂，没有战略、管理和日常运作的决策等级划分。而随着生产规模的扩大和地理分布范围的扩展，一些承担特殊功能的专业化部门建立起来，公司的空间格局特点表现为不同功能部分在空间上的分工。随着公司生产活动逐渐走向多样化，开始形成多分部结构，即高层管理、战略决策，控制、协调和管理决策，以及企业日常运作管理，许多跨国公司和全球性公司便具有此结构，表现为不同分部的空间分布。[3]

李小建结合国内外研究成果将跨国公司组织结构分为职能部结构、产品部结构、区域部结构和矩阵结构，并通过不同案例分析了不同组织结构区域空间布局的变化。[4] 刘曙华认为大型服务企业可通过兼并重

---

① Williamson, Oliver E., *The Economic Institutions of Capitalism*, Academic Publishers, 1985.

② Cohen R. B., " The New International Division of Labor, Multinational Corporations and Urban Hierarchy", In: Michael dear, Allen J., Scott, eds. *Urbanization and Urban Planning in Capitalist Societ*, London: Methuen, 1981, pp. 87 –315.

③ 彼得·迪肯：《全球性转变——重塑 21 世纪的全球经济地图》，刘卫东等译，商务印书馆 2009 年版。

④ 李小建：《公司地理论》，科学出版社 2003 年版。

组、迁移公司总部、设立地区总部、设立分支机构和转型主营业务等方式改变组织结构，从而对区域空间产生不同的影响，而中小型服务企业通过横向一体和集群发展的模式对区域空间发挥作用。[①] 关于企业组织变动对城市网络内在影响机制的研究，Rozenblat 根据企业的二级分支机构所在城市与企业总部所在城市的关系，将企业组织结构分为三种模式："桥头堡（Bridgehead）"式、"前哨（Outpost）"式、"转盘（Turntable）"式（见图3—10），为企业组织结构对城市网络的影响机制的探讨提供了有益启发。[②]

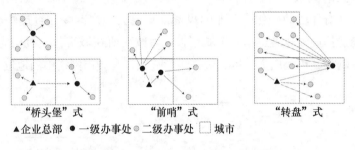

"桥头堡"式　　　　　"前哨"式　　　　　"转盘"式

▲企业总部　●一级办事处　○二级办事处　▢城市

图3—10　企业组织结构的三种模式

（三）生产性服务企业所处的城市环境

全球化和地方化过程中有四种关系非常重要：（1）企业内部关系，企业网络不同部门之间都努力维持或加强它们相对于组织内其他部分的地位；（2）企业间关系；（3）企业与地方的关系；（4）地方之间的关系。[③] 其中，企业与地方的关系以及地方之间的关系，一方面在于企业和分支机构所在地之间的关系，另一方面在于企业对新投资地点的搜寻以及地方试图通过提高自身竞争力吸引这些企业的投资，归根结底表现

---

① 刘曙华：《生产性服务业集聚对区域空间重构的作用途径和机理研究：以长江三角洲地区为例》，博士学位论文，华东师范大学，2012 年。

② Rozenblat C. , Pumain D. , "Firm Linkages, Innovation and the Evolution of Urban Systems", In: Taylor P. J. , Derudder B. , Saey P. , et al. , *Cities in Globalization: Practices, Policies and Theories*, Abingdon, UK: Routledge, 2007, pp. 130 – 159.

③ 彼得·迪肯：《全球性转变——重塑21 世纪的全球经济地图》，刘卫东等译，商务印书馆2009 年版。

为企业与所嵌入地点之间的关系（见图 3—11），即企业通过区位选择对于城市网络的影响。美国学者 Dunning 用 O-L-I 模型来解释企业的对外扩张，其中 O（Ownership）指企业所有权所决定的自身特有优势，如生产技术、知识资本、营销通道等，L（Location）指企业所在区域的要素禀赋所决定的优势，如劳动力水平、税收政策等，I（Internalisation）指交易成本所决定的内部化优势，促进生产的内部化。[①] 按照 O-L-I 模型，生产性服务企业选择在某个城市成立分支机构，主要取决于该城市是否满足 L 优势，如人力资本、基础设施优势等。对于生产性服务业所构建的城市网络，企业所处的环境因素是影响城市网络结构的根本原因。随着环境的变化，企业的投资计划也会随之改变，直接的影响就是最终选择进入或者退出一个城市，或者改变所在城市分支机构的等级，从而影响到城市外向连接度，进一步影响城市在城市网络中的地位。

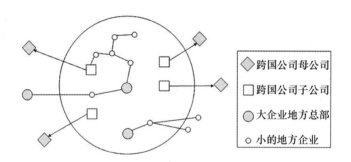

图 3—11　地方的"组织生境"

资料来源：彼得·迪肯：《全球性转变——重塑 21 世纪的全球经济地图》，刘卫东等译，商务印书馆 2009 年版。

　　除了全球背景下生产性服务业蓬勃发展的整体态势外，在区域尺度，企业所处的环境因素主要包括政府的扶持态度和所在城市的发展条件。企业的集聚和产业的发展离不开政府的作用，通过制定有利于产业发展的政策和规划、优化各类支撑条件、完善配套基础设施等方式，影

---

① 　Dunning J. M. , Lundan S. M. , *Multinational Enterprises and the Global Economy*, Cheltenham, UK and Northampton, MA, USA: Edward Elgar, 2008.

响企业的预期收益，从而影响到企业的决策。国内外政府在推动生产性
服务业发展方面采取了许多做法，如制定服务产业规划，进行空间调控
和引导；出台各类服务业扶持政策（如税收减免、贷款优惠等），以扶
持整体生产性服务业的发展或内部某部门的发展；通过强化服务业功能
区建设，优化已有的产业集聚空间结构和功能布局等。对于具有一定产
业基础的地区，国家或地方政府为了促进企业在价值链中获得更高的利
润，会积极营造区域创新环境，对生产性服务业内部的结构优化产生积
极的促进作用（见表3—3）。

表3—3　　　　　在集聚政策中使用的各种促进创新的政策工具

	为创新投入资源	培养企业创新行为
向企业	为雇用人员提供津贴 传统的 R&D 津贴或贷款 风险投资 培训津贴 孵化器在硬件方面的支持 技术中心 技术商业化计划 大学技术转移机构	为雇用创新管理人员提供津贴 为提高竞争力贷款 管理建议咨询风险投资和风险投资 参与管理 孵化器在软件方面的支持 创新中心 创新培训 技术经济情报
向区域	产业研究动态计划 促使企业合作计划 为 R&D 项目合作贷款 为使用商业设施提供津贴 面向用户的合作创新中心	促进中介机构的发展 集聚政策规划 对公司间网络联系的支持 地区战略规划 创新文化培养计划 政策制定者的战略能力培养计划

资料来源：Claire Nauwelaes, Rene Wintjes, "SME Policy and Regional Dimension of Innovation: Towards a New Paradigm for Innovation Policy?" SME-POL, Iinal report, Oslo, 1999.

企业所在城市的发展条件对企业的决策也会产生重要的影响，包括
企业所在城市的特征，如人口规模、经济特征（国民生产总值、人均收
入水平、产业结构等）、在城市体系中的地位（国际大都市、省会、地

级市等）、对外交通联系、通信水平、人力资本和创新要素等。Beaver-
stock 等认为，生产性服务公司选择在伦敦、纽约和东京等地高度集中
的主要原因，是这些城市有一系列的潜在需求者，如制造业和其他服务
公司的总部、政府部门和非政府组织以及外国企业。[①]

四　基于生产性服务业的城市网络演化模式

在区域发展阶段和生产性服务业发展的相关理论的基础上，综合考
虑企业空间扩张的过程，同时结合发达国家及地区生产性服务业的产业
发展演进过程，在已有基于地理空间的行政等级体系基础上，根据生产
性服务业对城市网络的影响，将基于生产性服务业的城市网络的形成演
化初步归纳为四个阶段，如图 3—14 所示。

（一）第一阶段：初始集聚阶段

生产性服务业的发展与工业化的发展密不可分，工业化发展的同时
也伴随着生产性服务业内部结构的不断演进。在工业化发展的初期，制
造业是产业的主体，服务业处于从属地位。由于工业发展对服务业的需
求主要集中在交通、邮电、商业、通信等部门，其他生产性服务业部门
基本上处于停滞状态。在这种需求不旺的情况下，生产性服务业总体上
规模小、层次低、服务能力薄弱，主要集中在区域中心城市布局。企业的
组织功能较单一，内部没有明显的等级划分。从空间扩张来看，已有的服
务活动主要集中在区域中心城市，且绝大部分服务活动很少发生空间联系。

在此背景下，该阶段城市网络的主要特征表现为：（1）城市网络
的节点层级与原有城市行政等级类似，由于生产性服务业主要集中于区
域中心城市布局，反而强化了原有区域中心城市的地位，节点层级的曲
线比较陡，如图 3—12—a。（2）生产性服务企业的服务活动没有空间
扩散，基于生产性服务业的城市网络联系还不明显，如图 3—14—a。

①　Beaverstock J. V., Taylor R. J., Smith R. G., "A Roster of World Cities", *Cities*,
Vol. 16, No. 6, 1999, pp. 445 –458.

（3）只有区域中心城市的服务功能得以强化，对周边城市带动作用不明显，区域内服务功能差异突出，如图3—13。（4）总体空间结构呈现初始集聚状态。

（二）第二阶段：非均衡扩散阶段

进入工业化中期以后，制造业发展迅速，尤其是知识密集和技术密集型制造企业对从事工业产前、产中和产后服务的生产性服务业需求增加，产生了独立于制造企业之外的生产性服务机构。服务生产的外部化不仅带动了生产性服务业的快速发展，也促进了内部结构的不断优化。除交通运输服务业以外，金融、保险、会计、法律等生产性服务行业得到了较快发展，虽然总量有限，但对于经济发展的重要作用开始显现。从空间布局来看，受工业空间布局的影响，主要分布在大小等级不同的城市（镇），表现为工业化水平越高和规模越大的城市，其生产性服务业规模也越大，生产性服务业的集聚与所在区域的城市体系结构关系密切。囿于该阶段交通基础设施和通信技术水平，生产性服务企业之间的联系主要通过派出工作人员与当地部门进行接触的形式展开，企业在区域内部的扩张并不明显。因此，虽然这一阶段生产性服务业增长趋势明显，但对于城市之间联系的带动作用并不突出。

该阶段城市网络的主要特征表现为：（1）城市网络的节点层级变化不大，区域中心城市的地位得以强化的同时，区域次中心开始形成，节点层级的曲线变得平缓，如图3—12—b。（2）生产性服务企业的空间扩散不明显，基于生产性服务业的城市网络联系主要是基于原有行政等级之间的垂直联系，如图3—14—b。（3）区域次中心城市的服务功能得以提升，区域内服务功能的差异逐渐缩小，如图3—13。（4）总体空间结构呈现非均衡扩散的状态。

（三）第三阶段：等级网络形成阶段

随着产业分工细化和规模经济发展，特别是制造业服务模式创新和产业转型升级的需要，生产性服务业开始从制造业内部分离和独立出来。专业化分工推动生产性服务业快速发展和内部结构优化，广告、咨询、中介等商务服务业快速发展，研发设计、电子商务等一些新型业态开始显现。在成本节约和经济收益增加驱动下，生产性服务业需要更高的集聚以获得人才资本和智力资本。一般来讲，等级越高的城市，集聚服务要素的能力越强，反之越弱。区域内部不同城市之间生产性服务业发展的规模差距不断扩大。从企业空间扩张来看，企业规模增长，信息获取量增加，交通运输和信息技术的发展带来组织结构的变化，企业开始向远距离扩张。知识和技术溢出效应，以及空间集聚规模效应下，总部通常集聚在等级较高的城市，分支机构扩散到其他等级较低的城市或区域，城市之间的网络联系增加，出现了水平流动趋势。

该阶段城市网络的主要特征表现为：（1）区域内的节点城市开始发展，节点层级之间的差距减小，曲线斜率变缓，如图3—12—c。（2）生产性服务企业的空间扩散增强，联系方向以原有行政等级的垂直联系为主，同一层级之间的水平联系开始显现，如图3—14—c。（3）原来等级较低城市的生产性服务业开始发展，区域内城市的服务功能差异不断缩小，如图3—13。（4）总体空间结构呈现等级网络的状态，城市网络的层级特征明显。

（四）第四阶段：网络趋于成熟阶段

在后工业化或工业化后期，高技术产业日趋壮大，由制造经济转向服务经济，生产性服务业成为支柱产业。金融保险、咨询服务等行业愈加成熟，创意设计、信息服务、科技研发、教育培训等高智力附加值的知识型服务业成为主导。同时，规模不经济或集聚不经济将导致部分要素（次要的要素或过时的核心要素）从等级高的城市向等级较低的城市转移，等级较低的城市生产性服务业发展速度加快，而少数高等级城市的服务范围不断扩大，不再仅仅局限于所在区域的中心城市（如世界城市），而高端服务业大规模增长导致其服务业仍保持高速增长。从企业空间扩张来看，基于新的国际分工开始由产品分工向要素分工转变，企业组织管理由功能布局结构转化为多分部结构，由于各分部的组织管理相对完善且自成系统，这种组织结构更加扩散。规模不经济导致部分要素从等级高的城市向等级较低的城市转移，非行政中心城市的要素集聚与辐射能力增强，水平联系更趋显著。总之，全球化和信息化的相互交融，共同推动基于生产性服务业的城市网络逐步趋于完善。

　　该阶段城市网络的主要特征表现为：（1）区域内的节点城市层级更加完善和充分，各层级之间的差距不断缩小，节点层级的曲线斜率变得更加平缓，如图3—12—d。（2）节点城市之间的联系表现为垂直联系和水平联系交织发展的趋势，如图3—14—d。（3）区域内不同节点城市的服务功能差异依然存在，但打破了已有的等级差异，等级较低的城市也有可能具有较高的服务功能，如图3—13。（4）总体空间结构趋于网络平衡的成熟状态。

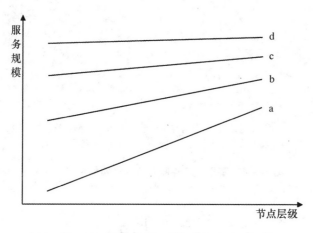

图3—12　区域生产性服务业规模与节点层级关系

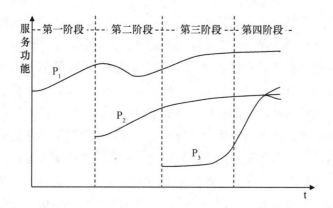

图3—13　区域生产性服务业服务功能演变
（P_1、P_2、P_3分别是大、中、小规模不等的城市）

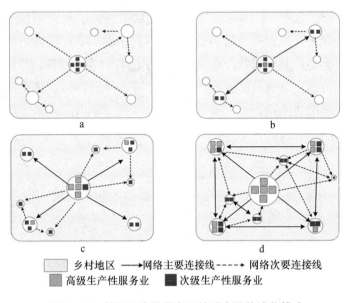

乡村地区 ——→网络主要连接线 ----→网络次要连接线
高级生产性服务业 次级生产性服务业

图3—14   基于生产性服务业的城市网络演化模式

五   小结

在全面总结现有理论脉络的基础上，从生产性服务业和城市网络相互耦合的视角，构建一个在全球化和信息化背景下基于生产性服务业城市网络的理论框架，通过泰勒的"连锁网络模型"将企业、产业和城市空间联系到统一的理论框架中，主要包括三个方面：一是城市网络的构成要素和结构特征方面，从网络的节点、连接度和所承载的功能三个方面展开分析，随着城市由中心性向节点性转化，网络主体之间的联系方式愈加多样，范围更加广泛，城市之间的外向功能不断增强，网络的结构特征更加明显。二是生产性服务业集聚与城市等级的密切关系是城市网络构建的重要基础，网络构建的作用力包括生产性服务业的行业属性、企业的组织结构以及城市发展的自身条件。三是在已有基于地理空间的行政等级体系基础上，根据生产性服务业对城市网络的影响，将基于生产性服务业的城市网络的形成演化初步归纳为四个阶段，并对每个阶段的生产性服务业发展特征、生产性服务企业的空间扩张以及节点层级特征进行了梳理。在不同阶段，产业空间组合和城市网络结构均处于不断变化中，产业形态逐渐从低级向高级发展，城市网络组织从无序向有序转变。

第四章

长三角范围界定与发展概况

一 长三角的实证研究进展

（一）长三角城市体系研究进展

长三角地区作为我国受全球化影响的前沿阵地，也是我国社会、经济、文化、科技最发达的地区之一。自 1957 年戈特曼将其界定为世界第六大城市群后，长三角地区逐渐成为崛起中的世界性城市区域，其城市体系的研究吸引了国内外诸多学者的关注。

鉴于资料的可获得性，研究城市体系的规模结构更多地从人口的角度加以分析，包括城市非农业人口、城市市区总人口等。姚士谋等[1]探讨了长三角地区城市空间演化的趋势，并综合长江三角洲地区各城市的城市化水平指标及中心城市人口指标，将长江三角洲地区 14 个城市分为五种类型。上海为具有国际影响的超大城市类型，南京、杭州是具有一定全国意义的特大城市类型，无锡、苏州、常州、宁波是具有区际意义的经济中心城市类型，镇江、嘉兴、南通、扬州为具有地区意义的中等城市类型，绍兴、湖州、舟山则是具有地方特色的城市类型。并对上海、南京、杭州之间的经济流向和交通组织进行分析。顾朝林等[2]对长三角 16 个地市进行了研究，认为沪宁、沪杭铁路、高速公路、高速铁路和沿海地带已经成为本区经济发展和城市分布的主要轴线，沪宁铁路

---

① 姚士谋、陈爽：《长江三角洲地区城市空间演化趋势》，《地理学报》1998 年第 53 期，第 1—10 页。

② 顾朝林、张敏：《长江三角洲城市连绵区发展战略研究》，《现代城市研究》2000 年第 1 期。

沿线的上海、南京、无锡、苏州、常州形成了我国密度最大的城市带。同时提出长江三角洲地区目前已形成 5 个层次，并呈"宝塔形"特点：第一层次为特大城市上海，是国际性港口城市和全国性中心城市，本区城市体系的核心和经济文化中心；第二层次包括特大城市南京和杭州，分别为江苏省和浙江省的政治、经济、文化中心；第三层次为苏州、无锡、常州、宁波、扬州等大中城市；第四层次为南通、镇江、湖州、嘉兴等中小城市；第五层次为其他小城市和卫星城市（见表4—1）。

表 4—1 长江三角洲城市规模分级 （1997）

规模等级（万人）	城市数（个）	城市名称
≥500	1	上海
100—500	2	南京、杭州
50—100	4	无锡、苏州、常州、宁波
20—50	14	南通、镇江、扬州、湖州、嘉兴、绍兴、泰州、通州、海门、江阴、宜兴、溧阳、如皋、常熟
≤20	31	兴化、舟山、泰兴、江都、吴江、吴县、昆山、锡山、仪征、张家港、姜堰、余杭、武进、余姚、高邮、靖江、海宁、慈溪、太仓、诸暨、上虞、桐乡、句容、建德、富阳、金坛、平湖、扬中、嵊州、奉化、临安

资料来源：顾朝林、张敏：《长江三角洲城市连绵区发展战略研究》，《现代城市研究》2000 年第 1 期。

宁越敏[1]通过非农业人口这一指标对长三角连绵区的范围进行了界定，并提出宏观政策机制、投资机制、市场机制和辐射机制是长三角都市连绵区形成的四大机制。林康[2]认为长三角大城市群内部空间布局的主体形态，近期由上海、南京、杭州、苏锡常、宁波五大都市圈组成，

① 宁越敏：《长江三角洲都市连绵区形成机制与跨区域规划研究》，《城市规划》1998 年第 1 期，第 6—20 页。
② 林康：《长江三角洲人口集聚与布局探讨》，《长江流域资源与环境》2006 年第 5 期，第 654—658 页。

形成以上海都市圈为核心、南京和杭州都市圈为副中心、苏锡常和宁波都市圈为节点的空间布局形态，远期应增强上海向北的辐射带动作用，构建长三角相对均衡的城市群布局，重点培育南通都市圈，形成新的增长点，从而形成长三角大都市圈的空间支撑。李健等①基于"五普"人口统计数据中的城市市区总人口，将长三角地区县级以上城市分为六个层级，并认为整个长三角地区的城市规模体系中各级城市呈现明显的金字塔形格局。其中，上海已成为中国大陆最大的城市和本地区发展的中心；南京和杭州在区域内的次级领袖地位也已经很明显，同时在全国城市体系中占据了重要地位；苏州、无锡和宁波等城市依靠发达的经济已经在区域内发挥了重要的集聚和辐射作用。

(二) 长三角城市网络研究转变

随着世界城市网络范式研究的不断成熟，我国学术界关于城市网络的实证研究也在逐渐推进。长江三角洲地区作为我国区域经济最为发达的地区之一，交通基础设施不断完善的同时，通过不断加大直接嵌入和链接全球产业链和价值链中高端的机会，其结构性转型和能级的提升显著，基于长三角的城市网络研究不断兴起。基础设施方面，吴威等②以加权平均旅行时间为指标探讨了长三角地区公路网络中主要节点城市的可达性空间格局及其演化规律，同时在分析了长江三角洲区域公路、铁路、水运、航空等单方式交通可达性空间格局的基础上剖析了区域综合交通可达性格局，可达性水平最高、区位条件最优越的节点为上海，其周边的太仓、昆山、嘉兴、苏州、嘉善、常熟、吴江等节点次之，大致构成"Z"字形区域。而区域的南北部边缘地区，包括台州市域的玉环、温岭、仙居、台州等节点，杭州市域西南部的淳安、建德及南通市域东部的启东等节点，可达性较差。

---

① 李健、宁越敏、石崧：《长江三角洲城市化发展与大都市圈圈层重构》，《城市规划学刊》2006 年第 3 期，第 16—21 页。

② 吴威、曹有挥、曹卫东等：《长江三角洲公路网络的可达性空间格局及其演化》，《地理学报》2006 年第 10 期，第 1065—1074 页。

　　从企业组织视角来看，赵渺希等[1]以长三角 15 个城市为研究对象，分析了长三角区域的城市间企业网络，描述城市间的流量、网络的结节性等特征，度量了区域多核心化的趋势，并从关联网络和价值区段的角度分析了长三角区域的城市体系演化。从空间等级来看，上海处于最顶端，南京、杭州次之，苏州、无锡、宁波也是节点能级相对突出的地区，而舟山、泰州、镇江属于节点能级最弱的地区。张晓明[2]建立了255 家 APS 公司 ×17 个公司办事处的分布矩阵，从多中心、功能性、网络性三个角度分析了长三角巨型城市（MCR）的城镇格局。于涛方等[3]利用世界 500 强企业在长三角的投资分析数据，从行业分异的角度研究了不同行业在长三角的空间分布特征。

二　长三角空间演变及范围界定

　　随着长三角地区内部经济联系的不断增强，学术界对长三角的相关研究不断涌现，先后提出了长三角经济区、长三角城市群、长三角都市圈、长三角都市带和长三角都市连绵区等概念，并出于不同研究目的对其范围进行了界定，如"小长三角""大长三角"和"泛长三角"等。长三角作为一个经济区域提出，源于 1982 年国务院提出的"上海经济区"概念，其空间范围包括上海、苏州、无锡、常州、杭州、宁波等10 个城市。1992 年，长三角城市协作办主任联席会议确定了 14 个城市，在原来范围上增加了南京、镇江、扬州、舟山 4 个城市。1996 年和 2001 年，随着泰州和台州两个城市的加入，长三角的城市数量扩容到了 16 个。2005 年，由发改委编制的《长江三角洲地区区域规划纲要》确定的城市范围就是 16 个。2006 年，由建设部组织编制的《长江

　　① 赵渺希、唐子来：《基于网络关联的长三角区域腹地划分》，《经济地理》2008 年第 3期，第 371—376 页。
　　② 张晓明：《长江三角洲巨型城市区特征分析》，《地理学报》2006 年第 10 期，第1025—1036 页。
　　③ 于涛方、吴志强：《1990 年代以来长三角地区"世界 500 强"投资研究》，《城市规划学刊》2005 年第 2 期，第 13—20 页。

三角洲城镇群规划》进一步将长三角的规划范围扩展为上海、江苏、浙江、安徽的"一市三省",直至 2009 年召开沪苏浙皖主要领导座谈会,泛长三角的概念逐渐成型。2010 年,国务院批准的《长江三角洲地区区域规划》将空间范围界定为上海、江苏、浙江"一市二省",并将传统的 16 个地市范围称为"长江三角洲地区核心区"。2016 年,由国家发改委、住建部印发《长江三角洲城市群发展规划》确定了 26 个城市,包括上海 1 个、江苏 9 个、浙江 8 个、安徽 8 个。在原 16 个地市的基础上,江苏增加了盐城,浙江增加了金华,另外扩展了安徽的 8 个城市。

总体来看,在不同的发展背景下,由政府引导的长三角城市群的扩容表现出了明显的动态性,但上海、南京、苏州、无锡、常州、南通、扬州、镇江、泰州、杭州、宁波、嘉兴、湖州、绍兴、舟山、台州 16 个城市作为其核心区域,表现出了稳定的连续性。鉴于此,本书选择长三角 16 个地级以上城市作为研究对象(包括上海、南京、苏州、无锡、常州、泰州、扬州、镇江、南通、杭州、宁波、绍兴、嘉兴、湖州、台州、舟山),每个地区包括若干县市区,包含其所辖的县级市以及中心城区。① 因此,本书的细分单元包括 16 个中心城区、60 个县市区,共计 76 个空间单元,行政区划截止到 2012 年(见表 4—2)。

表 4—2   长三角十六地市市中心区、郊区与其他县(市)划分

城市	市区	郊县(市)
上海	上海市区	崇明县
南京	南京市区	高淳县、溧水县
苏州	苏州市区	常熟市、张家港市、昆山市、吴江市、太仓市
无锡	无锡市区	江阴市、宜兴市
常州	常州市区	溧阳市、金坛市
泰州	泰州市区	兴化市、靖江市、泰兴市、姜堰市
扬州	扬州市区	宝应县、仪征市、高邮市、江都市

---

① 研究范围包括南通的通州市(2009 年撤市设区)、扬州的江都市(2011 年撤市设区)。

续表

城市	市区	郊县（市）
镇江	镇江市区	丹阳市、扬中市、句容市
南通	南通市区	海安县、如东县、启东市、如皋市、海门市、通州市
杭州	杭州市区	桐庐县、淳安县、建德市、富阳市、临安市
宁波	宁波市区	象山县、宁海县、余姚市、慈溪市、奉化市
绍兴	绍兴市区	新昌县、诸暨市、上虞市、嵊州市、绍兴县
嘉兴	嘉兴市区	嘉善县、海盐县、海宁市、平湖市、桐乡市
湖州	湖州市区	德清县、长兴县、安吉县
台州	台州市区	玉环县、三门县、天台县、仙居县、温岭市、临海市
舟山	舟山市区	岱山县、嵊泗县

三　长三角发展概况

长三角地区地处我国东部沿海地区与长江流域的结合点，已成为中国经济发展最快与城市化水平最高的区域。随着新一轮长江经济带规划、长三角城市群规划等诸多国家战略向纵深推进，作为"一带一路"与长江经济带的重要交汇地带，长三角城市群在我国现代化建设大局和全方位开放格局中具有举足轻重的战略地位，是中国参与国际竞争的重要平台，是长江经济带的引领发展区，是推进新型城镇化的重要战略区域。目前长三角已纳入首批国家城市群规划，规划明确提出到2030年全面建成全球一流品质的世界级城市群。近年来，长三角城市群通过推进内部一体化发展，综合实力不断增强，国际影响力不断上升，初步形成了世界级城市群的规模和布局。

（一）国际地位不断强化

优越的地理条件使得长三角城市群成为我国对外贸易的窗口、对外联系的前沿和枢纽及中国最大的外贸出口基地。目前长三角地区吸纳了全国近40%的外资，30%以上的对外贸易。长三角城市群的进出口总额由 2010 年的 10882.8 亿元增加到了 2015 年的 13415.8 亿元；外商投资由 2010 年的 10307.2 亿元增加到了 2015 年的 17352.4 亿元，增长率高达 70%。国际旅游外汇总额由 2010 年的 15054.55 百万美元上升到 2015 年的 16176.2 百万美元，表现出发展海外旅游业的绝对优势。根据国际会议与大会协会（ICCA）最新发布的 2015 年度全球会议目的地城市排行榜，长三角城市群举办国际会议的数量为 98 次，分别比京津冀城市群和珠三角城市群多举办 3 次和 72 次。从国际货邮吞吐量看，2015 年上海的国际货邮吞吐量为 230 万吨，分别比北京和广州高出 150 万吨左右，甚至比芝加哥（120 万）、纽约（100 万）、东京（200 万）、巴黎（180 万）、伦敦（150 万）高出 110 万吨、130 万吨、30 万吨、50 万吨、80 万吨，说明上海参与全球生产与贸易分工融入程度不断提高。

（二）经济实力不断提升

长三角城市群的经济总量相当于中国 GDP 的 20%，且年增长率远高于中国平均水平。人均国民生产总值由 2010 年的 55263.76 元增加到了 2015 年的 86705.19 元，5 年的增加率接近 57%；固定资产投资由 2010 年的 40669.21 万元增加到了 2015 年的 79922.89 万元，5 年间几乎翻了一番；城乡储蓄由 2010 年的 59596.87 亿元增加到了 2015 年的 88516.3 亿元，5 年间增长了 48.53%。2015 年，长三角 16 个地市以占全国 1.1% 的土地创造了 16.7% 的经济总量、10.4% 的固定资产投资、16.3% 的房地产开发投资、14.6% 的社会消费品零售总额、31.4% 的进口总额、43.1% 的出口总额、43% 的实际利用外资，这些指标占全国比重都保持在较为稳定的水平。① 从国内比较来看，2015 年长三角 GDP 总量为 18143 亿美元，人均 GDP 为 13737 美元，经济总量在全国城市群中居于首位（珠三角 GDP 总量为 12267 亿美元，人均 GDP 为 11091 美元；京津冀 GDP 总量为 11180 亿美元，人均 GDP 为 10033 美元）。从经济密度看，长三角为 974 万美元/平方公里，远高于珠三角的 603 万

---

① 《2015 年长三角地区经济发展情况简析》（http://www.jiaxing.gov.cn/stjj/tjxx_6433/tjfx_6436/201604/t20160401_584644.html）。

美元/平方公里、京津冀的 520 万美元/平方公里，在国内的城市群中占据第一位。

（三）创新能力不断加强

长三角作为我国经济、科技最发达的区域之一，拥有发达的高技术产业基础、强大的科技人才队伍、雄厚的科技教育资源和开放的经济环境。这些得天独厚的经济环境和资源优势，使其成为我国创新能力较强的区域之一。而且，该地区拥有良好的"产学研"科技系统，与高等院校、科研机构、产业部门有着密切的往来，有利于学术、科研、生产的对接。数据显示，长三角地区的 R&D 经费由 2010 年的 10614376.6 万元增加到了 2015 年的 28343197 万元，几乎增加了 2 倍；R&D 项目由 2010 年的 35269 个上升到了 114749 个，几乎增加了 3 倍；该地区有效专利数由 2010 年的 25275 个增加到了 147942 个，增加了近 6 倍。根据《2014 福布斯中国大陆创新力最强城市排行榜》，珠三角的深圳、长三角的苏州和京津冀的北京分别排在了前三位。但整体来看，前 10 名的城市中，珠三角城市群有两个城市，其中深圳位列首位，广州则为第九位；京津冀只有北京一个城市；长三角则有七个城市入围，包括苏州、杭州、上海、无锡、南京、宁波、常州。与珠三角和京津冀城市群相比，长三角城市的整体创新优势比较明显，具体如表 4—3 所示。从万人高校在校学生数量来看，南京的指标高于北京和广州，居于第一位，人才储备优势十分明显，南京"双一流"建设高校数量位列全国城市第三位，高校类国家重点实验室、企业类国家重点实验室位列副省级城市第三位。而杭州居于第四位，不仅有浙江大学等高校优势，而且经济发达，环境开放，吸引了众多创新人才，是长三角重要的创新人才储备地区。上海的高校在校生总数在全国名列前茅，但其人口全国第一，每万人高校在校生人数并不占优。但上海交通大学、同济大学等高校驰名国内外，科教实力仅次于北京。同时，上海是高校毕业生的优先选择之地，对于人才的吸引力非常强。

表4—3   中国大陆最具创新力的25个城市

排名	城市	级别	省/直辖市/自治区	排名	城市	级别	省/直辖市/自治区
1	深圳	计划单列市	广东	14	武汉	省会城市	湖北
2	苏州	地级市	江苏	15	南通	地级市	江苏
3	北京	直辖市	北京	16	佛山	地级市	广东
4	杭州	省会城市	浙江	17	中山	地级市	广东
5	上海	直辖市	上海	18	青岛	计划单列市	山东
6	无锡	地级市	江苏	19	镇江	地级市	江苏
7	南京	省会城市	江苏	20	长沙	省会城市	湖南
8	宁波	计划单列市	浙江	21	成都	省会城市	四川
9	广州	省会城市	广东	22	大连	计划单列市	辽宁
10	常州	地级市	江苏	23	绍兴	地级市	浙江
11	东莞	地级市	广东	24	常熟	县级市	江苏
12	天津	直辖市	天津	25	合肥	省会城市	安徽
13	昆山	县级市	江苏				

（四）空间格局不断优化

《长江三角洲城市群发展规划》明确提出要构建"一核五圈四带"的网络化空间格局，发挥上海龙头带动的核心作用和区域中心城市的辐射带动作用，依托交通运输网络培育形成多级多类发展轴线，推动南京都市圈、杭州都市圈、合肥都市圈、苏锡常都市圈、宁波都市圈的同城化发展，强化沿海发展带、沿江发展带、沪宁合杭甬发展带、沪杭金发展带的聚合发展。长三角城市群正逐渐从传统的"Z"字形城市带，发展成为"多轴网络＋若干都市圈"的发展格局，扁平化的趋势愈发明显。上海以建设具有全球影响力的科技创新中心为目标，正在推动非核心功能疏解，其核心引领和综合服务功能不断提升。随着城镇化进程的加快，以南京、苏州、杭州、宁波等为中心的次中心城市快速发展。南京和杭州充分发挥了区域核心城市的带动作用，分别形成了南京、镇江、扬州北翼次区域城市群和杭州、嘉兴、湖州南翼次区域城市群。长三角城市群的空间格局经历着由"单核引导"的点轴结构向"单核＋

多中心支撑"的网络状结构的转变。① 多层嵌套圈层紧密合作，分工有序，共同推进了长三角一体化和网络化发展。

四 小结

《长江三角洲城市群发展规划》明确提出了长三角地区建设成世界级城市群的目标：到 2030 年，配置全球资源的枢纽作用更加凸显，服务全国、辐射亚太的门户地位更加巩固，全面建成全球一流品质的世界级城市群。作为"一带一路"联动主要汇合区域和长江经济带的龙头发展地区，长三角直接嵌入和链接全球产业链和价值链中高端的机会不断加大，真正成为中国先进生产力的先导和联结世界经济的门户。长三角要加快实施区域一体化战略，促进长三角经济分工更加合理，城市空间组织更加有序，形成以企业为纽带，网络化、多中心的高水平空间结构。长三角核心区的功能外溢，催生出次区域空间重组，次区域空间的网络联系及相互关系也有待深入探讨。

提高长三角企业的全球竞争力，形成具有全球影响力的企业关联网络，促进长三角在全球价值链和产业分工体系中的地位攀升，是关系长三角能否成为世界级城市群的关键问题。企业尤其是跨国公司纵向生产地域分工，是全球城市网络等级关系形成的基础。长三角区域经济实力强，吸引了诸多跨国公司企业总部落户，推进长三角城市群建立起全球联系并嵌入全球城市网络。这对于提升长三角的国际竞争力和影响力，全面建成全球一流品质的世界级城市群具有重要意义。

---

① 李晓西、卢一沙：《长三角城市群空间格局的演进及区域协调发展》，《规划师》2011年第 1 期，第 11—15 页。

第五章

长三角生产性服务业的
发展过程和空间格局

伴随着长三角经济的快速增长，其产业结构也在逐步优化，尤其是金融危机带来出口低迷、工业生产下滑的形势下，服务业成为长三角经济发展新的增长点。生产性服务业作为其中的重要组成部分，其自身结构在不断优化的同时，内部的不同部门也表现出自己的发展特征和空间分布。通过研究长三角生产性服务业发展的现状和空间分布特征，认识到其在长三角经济发展中的重要作用和影响。

一 研究对象选择及研究方法

（一）行业分类和企业选择

本书中，生产性服务业主要包括：交通运输、仓储及邮政业（F）（以下简称交通运输业），信息传输、计算机服务和软件业（G）（以下简称计算机服务业），房地产业（K），金融服务业（J），租赁和商务服务业（L）（以下简称商务服务业），科学研究、技术服务和地质勘查业（M）（以下简称科技服务业）六大行业类别。考虑到城市空间集聚效应的主要内容之一是劳动力市场的规模和整合，对于生产性服务行业的分析主要采用不同行业的就业人数来表示产业规模进行测算。基础数据主要来自 2001—2015 年的《中国城市统计年鉴》《上海统计年鉴》《江苏省统计年鉴》《浙江省统计年鉴》等，其中 2001—2002 年的数据存在部分缺失。

在以上行业分类基础上，本书重点考察其中 11 类相关生产性服务企业，包括金融服务业中的银行、证券、保险企业，房地产业，计算机服务业中的通信 IT 企业，交通运输服务业中的物流企业，商务服务业中的会计、法律、管理咨询、广告企业，科技服务业中的建筑设计企业。数据来源包括：全国 300 强律师事务所名单、百强会计师事务所名单、中金在线"2012 年度财经排行榜"最佳服务银行、证券公司、保险公司的入选名单、中国物流百强公司名单、中国 4A 广告公司名单、中国房地产企业销售金额榜单、海内外管理咨询公司排名榜单、中国民用建筑设计市场排名榜、中国 IT 公司百强排名。

基于生产性服务业城市网络的分析，主要是考察城市之间的相互联系，以及城市在网络中所发挥的作用，即城市的外向功能。因此，采用的数据均为城市关系型数据，而非单个城市生产性服务业发展绝对量的大小。针对上述名单中的公司，具体筛选方法为：（1）在研究区域内至少设有两个分支机构；如果只有一个分支机构，但在国外或省会以上城市设有分支机构的，也纳入研究范围。（2）公司网站信息翔实，或通过查询经济统计数据等其他途径得以获取分支机构分布的公司。通过统计年鉴、行业协会网站排名情况，选择了 11 类不同生产性服务企业的数据。截至 2012 年 10 月，共选取了银行金融 58 家，证券公司 60 家，保险公司 57 家，会计事务所 45 家，法律事务所 46 家，管理咨询公司 38 家，广告公司 49 家，物流公司 55 家，房地产公司 43 家，建筑设计 48 家，计算机通信公司 54 家，总计 552 家企业。数据为这些企业总部及分支机构的成立时间、地点等。

（二）研究方法介绍

1. 区位商

区位商主要用来反映经济部门与外部区域之间的输入输出关系。即当区位商小于或等于 1 时，表明某行业所在比例低于全国平均比例，须从市外输入产品或服务，属于非基本经济活动；而当区位商大于 1 时，则表示该行业可以为外地提供消费或服务，属于基本经济活动。其计算公式为：

$$L_i = \frac{e_i/e_t}{E_i/E_t} \tag{5—1}$$

其中，L_i 为区位商，e_i 为城市 i 部门的从业人数，e_t 为城市的总就业人数，E_i 为全国 i 部门的从业人数，E_t 为全国的总就业人数。

2. 基尼系数

基尼系数主要用于衡量长三角生产性服务业发展的差异程度，基尼系数衡量均衡程度的一般标准为：基尼系数在 0.2 以下表示高度平均；0.2—0.3 之间表示相对平均；0.3—0.4 之间表示较为合理；0.4—0.5 之间表示差距偏大；0.5 以上为差距悬殊。将某一指标数值从小到大排列后计算公式为：

$$G_j = 1 - \frac{1}{NW_N}\left(2\sum_{i=1}^{N} W_{ji} - W_N\right) \quad (i = 1,\ 2,\ 3,\ \cdots,\ N) \quad (5\text{—}2)$$

式中，N 为研究单元个数；W_{ji} 为第 j 个指标 i 地区的数值；W_N 为第 j 个指标 N 个研究单元的累计值。

3. 空间自相关分析

空间自相关分析（Exploratory Spatial Data Analysis，ESDA）是一系列空间分析方法和技术的集合，通过对事物或现象空间分布格局的描述与可视化探究空间集聚和空间异常，核心是度量事物或现象之间空间关联或者依赖程度。ESDA 包括全局空间自相关（Global Moran's I）和局部空间自相关（Local Moran's I）。本书通过全局和局部空间自相关统计量的估计与检验，定量分析长三角生产性服务业总体或局部在空间上的差异变化。

全局空间自相关用来表示长三角生产性服务业发展的空间自相关强度，本书采用最常用的 Moran's I 系数来度量生产性服务业发展的空间自相关，公式为：

$$I = \frac{\sum_{i=1}^{n} \sum_{j \neq i}^{n} W_{ij}(X_i - \bar{X})(X_j - \bar{X})}{S^2 \sum_{i=1}^{n} \sum_{j \neq i}^{n} W_{ij}} \quad (5\text{—}3)$$

其中，$S^2 = \frac{1}{n}\sum_{i=1}^{n}(X_i - \bar{X})^2$，$\bar{X} = \frac{1}{n}\sum_{i=1}^{n} X_i$。式中，$n$ 是研究单元数量，X_i 和 X_j 分别是地区 i 和 j 的生产性服务业从业人口，W_{ij} 是空间权重矩阵。1 表示区域 i 和 j 相邻，0 表示不相邻；Moran's I 的取值范围为 $[-1,\ 1]$。当 $I > 0$ 时为正相关，表示某区域的生产性服务业发展水平

与周边地区存在显著的空间相关性，即集聚水平较高；当 $I<0$ 时为负相关，表示生产性服务业发展水平在空间上趋于分散；当 $I=0$ 时，表示随机分布。一般采用标准化统计量 Z 来检验区域之间是否存在空间自相关，其计算公式为：

$$Z = \frac{I - E(I)}{\sqrt{Var(I)}} \qquad (5—4)$$

式中，$E(I)$ 为数学期望值，$Var(I)$ 为 I 的方差。在给定置信水平时，若 Moran's I 显著且正，则表示生产性服务业发展水平的区域在空间上集聚。反之若 Moran's I 显著且负，则表明区域与其周边地区的生产性服务业发展水平具有显著的差异。当且仅当 Moran's I 接近期望值 $\frac{-1}{(n-1)}$ 时，观测值之间才相互独立，服从于空间随机分布。

局部空间自相关探究每个单元的空间自相关性质。其计算公式为：

$$I_i = Z_i \sum_{j\neq i}^{n} W_{ij} Z_j \qquad (5—5)$$

式中，Z_i、Z_j 为区域 i 和 j 生产性服务业从业人口标准化后的空间权重矩阵，其他变量的含义与公式（5—3）同。$I_i>0$ 时，表明区域与周边地区为正相关关系，值越大，正相关性越强；反之，表明负相关性较强。本书局部空间自相关用 Moran 散点图来表示。

二　长三角生产性服务业发展整体概况

（一）长三角生产性服务业发展的阶段性

根据长三角 16 个地市不同年份生产性服务业从业人口的变化分析，从 2003—2014 年期间，长三角 16 个地市的生产性服务业发展可以分为三个阶段。

1. 2003—2005 年处于波动增长阶段

长期以来，长三角以制造业为主的产业结构导致生产性服务业呈现上升下降的起伏变化阶段。随着全球价值链的延伸，企业生产经营的规模不断扩大，对中间服务的需求增加，生产性服务业的角色逐渐转变，但尚有大量的中间需求未被分离出来。2003—2006 年间，生产性服务业的总量一直在起伏中增长，尤其是商务服务业和金融服务业的发展起伏明显。

2. 2006—2011 年处于稳定增长阶段

随着工业化进程的推进，工业发展愈发依赖于服务业的发展。2006年开始生产性服务业的总量出现持续上升，尤其是 2008 年金融危机以来，出口低迷、工业生产下滑的形势下迫切需要产业转型，越来越多的生产性服务业从制造业中分离出来，成为经济发展新的增长点。如金融、科技、房地产和信息服务业都表现出了显著的增长势头，交通运输业比重不断降低。

3. 2012—2014 年处于快速增长阶段

随着产业内部专业化分工的深化，产业生产投入服务化趋势显著，生产性服务业的发展不断提速，尤其是信息服务业和商务服务业增长显著提高。同时，生产性服务业的集群化发展态势更加明显，如上海的金桥功能区汇集了通用、贝尔、华为等企业的地区总部和研发中心，成为生产性服务业发展的重要载体。

（二）长三角生产性服务业整体特征分析

1. 生产性服务业快速增长，内部结构持续优化

2000 年以来，长三角地区生产性服务业一直保持持续、快速增长。2003—2014 年的 12 年间，从业人口由 193.74 万人增长到 510.65 万人，年均增长率 9.21%（高于第三产业的增长速度 7.09%）。在此期间，生产性服务业从业人口占第三产业从业人口的比重稳步上升，由 2003 年的 35.57% 提升到 2014 年的 44.10%，增长了近 10 个百分点（见图5—1）。综合来看，长三角生产性服务业的增长速度已经超过服务业的增长速度，其所占比重持续上升，说明随着长三角地区开始进入后工业化发展阶段。为了满足城市服务功能提升和产业转型的迫切需要，生产性服务业作为服务业的重要组成部分，开始成为长三角区域经济发展的重要引擎。

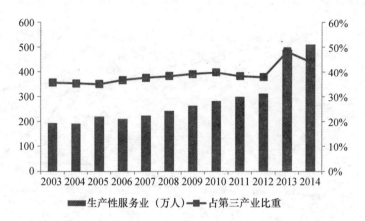

图5—1　2003—2014年长三角生产性服务业就业人口变化

　　从生产性服务业内部来看（见图5—2），2003—2014年期间，生产性服务业六大行业中的就业人数增长存在一定的差异。2003年就业人数从高到低排序依次是交通运输业（72.12万人）、金融服务业（43.08万人）、商务服务业（27.91万人）、科技服务业（22.64万人）、房地产业（16.04万人）、计算机服务业（11.95万人），到2014年，分别增长为126.66万人、85.78万人、107.69万人、56.88万人、65.01万人、68.63万人，年平均增长率分别为5.25%、6.46%、13.06%、8.73%、13.57%、17.22%，占生产性服务业的比重从高到低排序依次是交通运输业（24.80%）、商务服务业（21.09%）、金融服务业（16.80%）、计算机服务业（13.44%）、房地产业（12.73%）、科技服务业（11.14%）。综合来看，作为传统的生产性服务业，交通运输业所占比重居于第一位，但十年间一直处于下滑趋势，下降了将近13个百分点。相反，计算机服务业、商务服务业的比重稳步增长，从事房地产业和金融业人数占比虽然不突出，基数比较小，但增长也很快。这说明长三角产业就业结构处于持续优化中，高附加值的高端生产性服务行业吸引着大量高素质人才。为了满足经济发展和结构优化的需要，作为中间投入的金融服务、商务服务、咨询服务等知识密集型生产性服务业，呈现加速发展的态势。

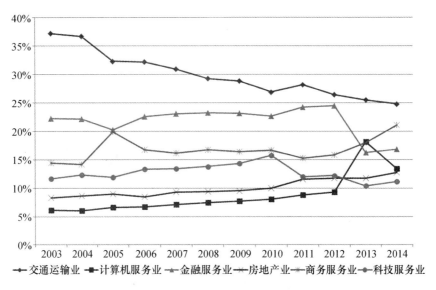

图5—2　2003—2014 年长三角生产性服务业内部结构变化

2. 生产性服务业有力地促进了经济发展水平的提高

Daniels 利用实例数据指出，服务业的扩张与经济发展的阶段有关①，服务业的发展有助于增加新的就业机会，促进制造业转移来的工人再就业。闫小培等通过相关分析指出广州的信息密集服务业与经济发展之间存在较为密切的关系。② 钟韵等根据相关分析及实证检验指出我国生产性服务业与国民经济发展水平及产业结构变化密切相关，尤其是经济发达的大城市的生产性服务业不仅已在城市经济中具有一定地位，对本地经济增长有重要的促进作用，而且对区域具有重要影响。③ 黄少军从服务经济理论演进的视角，对服务业与经济增长的关系进行了理论和实证研究。④ 企业为了提高竞争力和生产力产生了对服务的需求，服

①　Daniels P. W. , *Services Industries：A Geigraphical Appraisal*，London：Methuen，1985.

②　闫小培、姚一民：《广州第三产业发展变化及空间分布特征分析》，《经济地理》1997年第 2 期，第 41—48 页。

③　钟韵、闫小培：《我国生产性服务业与经济发展关系研究》，《人文地理》2003 年第 5期，第 46—51 页。

④　黄少军：《服务业与经济增长》，经济科学出版社 2000 年版。

务业由此得以发展，并对经济产生作用。[①] 在促进区域经济发展的同时，生产性服务业还反映了产业结构升级在空间配置方面所具有的优势和潜力，生产性服务业成为本地区经济发展和产业转型的助推器。本节选取人均国民生产总值作为反映国民经济发展的指标，生产性服务业从业人数来反映生产性服务业发展水平，对 1999—2014 年的数据进行相关分析，可以发现，长三角生产性服务业发展与国民经济发展基本呈现线性相关性（图 5—3）。相关分析结果显示，生产性服务业从业人数与人均国内生产总值的相关系数为 0.7475，系数可信度达 99%。由此可见，长三角生产性服务业的发展水平与长三角经济发展水平密切相关。

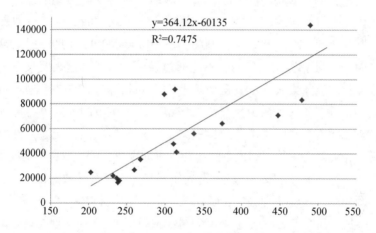

图 5—3　1999—2014 年长三角生产性服务业与经济发展关系

3. 生产性服务业发展与国际城市相比仍有一定差距

虽然长三角生产性服务业一直在稳步发展，但与国际城市相比还有一定差距。以金融服务业为例，世界三大金融中心之一的纽约 2003 年的金融业从业人数就占到总就业人数的 10% 左右，工作岗位中每 9 个就有 1 个是金融服务业。伦敦 2006 年金融企业的从业人员达到 32.5 万人，而作为长三角龙头城市的上海 2014 年的金融服务业从业人员是 33.16 万人，仅

---

① Ileris S., *The Service Economy: A Geographical Approach*, England: Roskilde University, Denmark. John Wiley & Sons Ltd., 1996.

占到总就业人口的 4.5%，与国际城市相比还有一定差距。与此同时，为了与国际大都市圈接轨，长三角地区的信息、咨询、法律服务和设计等可以体现国际大都市区特色的知识密集型生产性服务业的发展水平也有待提高。

三　长三角生产性服务业空间格局演化

（一）长三角生产性服务业的空间集聚变化特征

生产性服务企业的集聚具有空间选择性，其区位选择是信息技术水平、生产成本、创新环境、政府引导等多重作用共同推动的，在我国更多地体现为市场与政府双重力量的博弈结果。从空间关联或者依赖程度来看（见表 5—1），2000 年、2005 年、2010 年、2014 年四个时间截面的全局 Moran's I 指数均为负值，不能通过显著性检验，这表明长三角生产性服务业的空间集聚并不具有地理上的空间相邻性，总体上呈现点状集聚格局，且主要选择在少数几个大城市，小区域范围内并没有出现蔓延式扩散。随着互联网技术和通信网络的快速发展，以及交通条件的不断完善，行业信息的传输和人员的流动将更加方便快捷，以更低的成本实现远距离联系，生产性服务企业的空间拓展趋向于等级扩散的模式。这与生产性服务业内在的特有属性密切相关。由于生产性服务业具有高关联性、高附加值、高度专业性、高知识密集性等特征，更青睐于拥有良好的交通及信息通信基础设施、高层次的劳动力资源、优越的创新环境和大量的市场需求等优势条件的大城市。此外，金融保险、信息咨询、科技研发等高附加值的新兴生产性服务业与城市规模、城市能级密切相关，大部分跨国服务公司总部选择在大城市集中分布，更有利于建立全球化的服务网络。

表 5—1　　　　　　　四个年份全局 Moran'I 指数结果比较

指标	2000 年	2005 年	2010 年	2014 年
Moran's I	−0.088	−0.093	−0.134	−0.090

（二）生产性服务业内部行业的专业化发展趋势

长三角生产性服务业内部行业结构在不断优化的同时，不同行业部门也表现出自己的发展特征。根据 2014 年长三角生产性服务业内部行业就业人口的区位商，同时结合 2014 年长三角生产性服务业的就业人口规模来考量城市的专业化水平，如表 5—2 所示。从总体来看，长三角生产性服务业的就业人口规模与生产性服务功能呈现正向相关，即就业人口规模愈高，其职能愈完善，反之职能较为单一。上海的生产性服务业就业人员规模有 237.09 万人，遥遥领先于其他城市，拥有全部 6 个行业的比较优势，作为经济、金融、贸易和航运中心的地位将愈发凸显，成为全国生产性服务中心。南京、杭州的就业人口规模也都在 50 万以上，有 4—5 个行业具有比较优势，生产性服务业的中心职能不断加强，成为区域性的生产性服务中心。苏州、宁波、南通和无锡等城市的就业人口规模位于 10 万—50 万，有 3—4 个行业可以成为优势职能，成为次区域生产性服务中心。台州、扬州等城市，从业人口规模都小于 10 万人，只有 1—2 个行业可以成为优势职能，成为生产性服务业专业化城市。就各城市的相对优势职能而言，上海的金融、商务服务和交通功能比较突出，而杭州和南京的科技服务、房地产和计算机服务优势明显，与上海形成了合理的分工。而舟山、常州等城市只有 1—2 个行业具有发展优势，正在由传统的职能同构向专业化分工的方向发展。

通过分析 2003 年和 2014 年长三角地区 16 个地级以上城市的生产性服务业专业化水平变化，可以直观地看出各城市生产性服务业的变化趋势及其优势，根据变化趋势将 16 个城市分为四种类型（见表 5—3）。一是基本稳定型。包括上海、无锡、宁波。十年间各城市产业专业化水平总体保持一致。如上海市生产性服务业的功能布局在两年内的轨迹基本一致，专业化水平较为突出的是商务服务、信息服务和科技服务业。二是显著增长型。即生产性服务业的专业化水平以增长为主，包括杭州、南京、苏州、南通、扬州。如十年间杭州的信息服务和房地产业的专业化水平显著增强；苏州的房地产业和科技服务业增长也比较明显。三是此消彼长型。即不同功能的生产性服务业的专业化水平有增有减，包括常州、镇江、泰州和湖州。如常州除了商务服务业和科技服务业的专业化水平有所提高，其他生产性服务业的专业化水平均有所下降。四是亟须改善型。即生产性服务业的专业化水平降低明显，亟须改善，包括嘉兴、绍兴、舟山、台州。如嘉兴的交通服务虽有所提高，但金融服

表5—2   2014年长三角生产性服务业内部行业区位商

城市	生产性服务业 从业人口 万人	生产性服务业 区位商	交通运输业 从业人口 万人	交通运输业 区位商	计算机服务业 从业人口 万人	计算机服务业 区位商	金融服务业 从业人口 万人	金融服务业 区位商	房地产业 从业人口 万人	房地产业 区位商	商务服务业 从业人口 万人	商务服务业 区位商	科技服务业 从业人口 万人	科技服务业 区位商
上海	237.09	1.50	62.07	1.46	27.02	1.46	33.16	1.64	29.26	1.55	60.63	2.45	24.95	1.57
杭州	59.92	1.33	11.55	0.95	10.75	2.04	9.58	1.15	9.62	1.53	9.86	1.39	8.57	1.51
南京	54.84	1.41	14.54	1.39	14.89	2.28	4.44	0.92	5.4	1.00	8.34	1.37	7.23	1.38
苏州	30.90	1.20	6.95	0.78	4.48	1.49	6.34	1.33	5.43	1.51	5.38	1.33	2.32	0.67
宁波	25.33	1.23	6.22	1.12	1.38	0.57	7.12	1.57	2.54	0.89	6.07	1.88	2	0.72
南通	14.32	1.11	2.95	0.85	1.11	0.74	3.55	1.5	1.31	0.73	3.26	1.62	2.14	1.24
无锡	14.12	1.02	3.38	0.91	2.47	1.53	3.09	1.21	2.06	1.07	1.58	0.73	1.54	0.83
台州	9.85	0.94	1.79	0.63	0.58	0.47	4.06	1.09	1.28	0.88	1.22	0.74	0.92	0.65
扬州	9.81	1.08	2.42	0.99	1.11	1.05	1.62	0.97	0.92	0.73	1.95	1.37	1.79	1.46
嘉兴	9.65	1.03	1.91	0.76	0.53	0.48	2.07	1.2	1.72	1.33	2.5	1.71	0.92	0.73
常州	8.68	0.95	1.99	0.81	0.62	0.58	2.19	1.29	1.11	0.87	1.61	1.12	1.16	0.94
舟山	8.17	0.89	3.21	1.3	1.13	1.05	0.92	0.54	1.05	0.82	1.39	0.96	0.47	0.38
泰州	7.92	0.98	2.71	1.25	0.72	0.76	1.78	1.19	0.78	0.69	1.32	1.04	0.61	0.56
绍兴	7.18	0.83	1.55	0.66	0.51	0.5	2.51	1.47	0.78	0.64	1.01	0.74	0.83	0.71
湖州	6.61	1.15	2.14	1.39	0.9	1.34	1.71	1.31	0.74	0.93	0.69	0.76	0.44	0.57
镇江	6.26	0.98	1.28	0.75	0.44	0.59	1.65	1.41	1.01	1.14	0.89	0.89	0.99	1.16

表 5—3　长三角 16 个城市生产性服务业专业化水平变化

类型	城市	图示
基本稳定型	上海、无锡、宁波	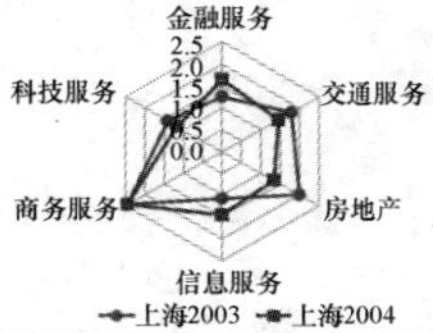 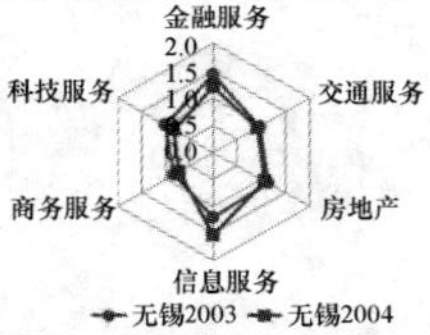 
显著增长型	杭州、南京、苏州、南通、扬州	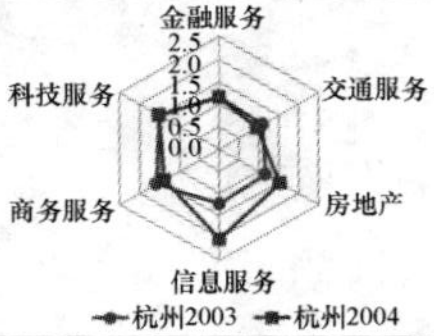 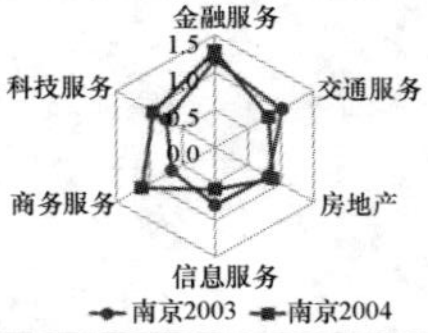   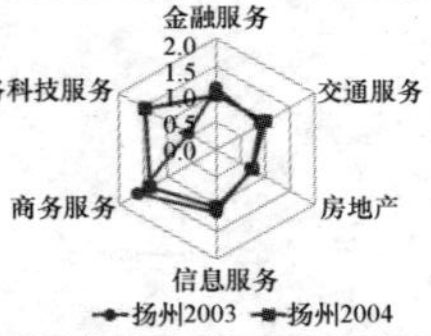
此消彼长型	常州、镇江、泰州、湖州	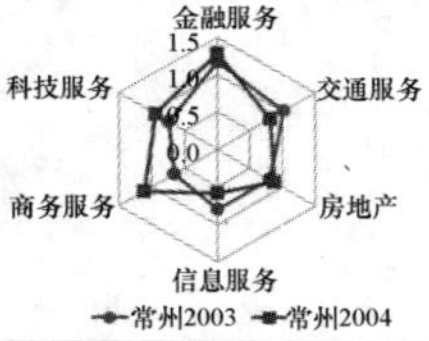 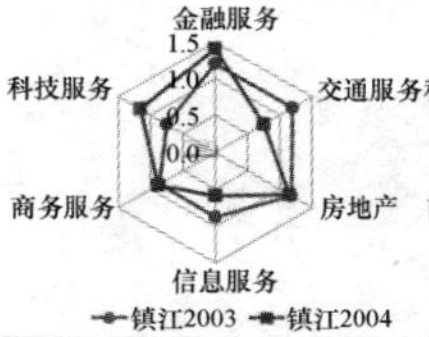 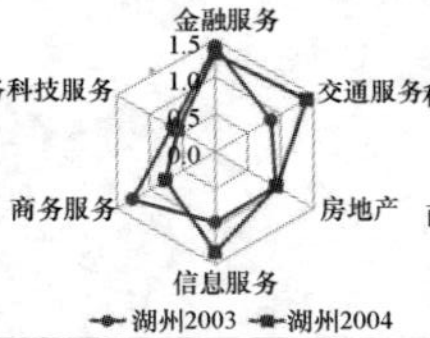 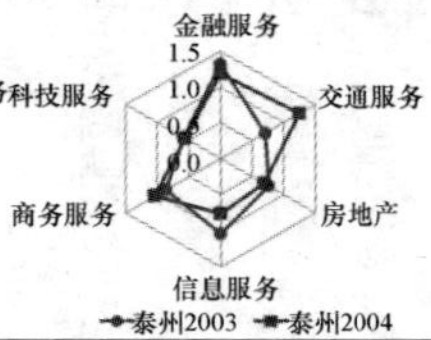
亟须改善型	嘉兴、绍兴、舟山、台州	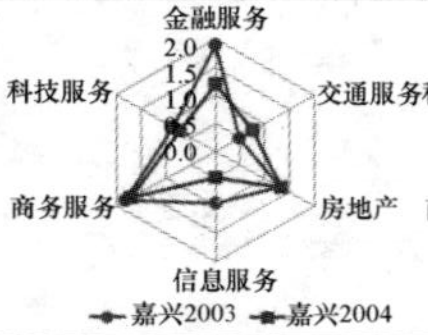 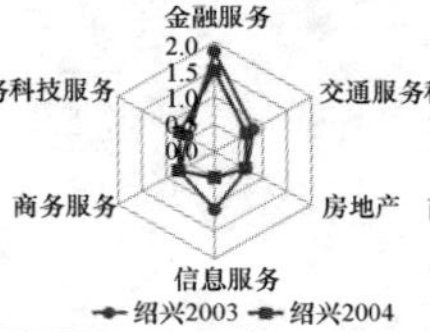  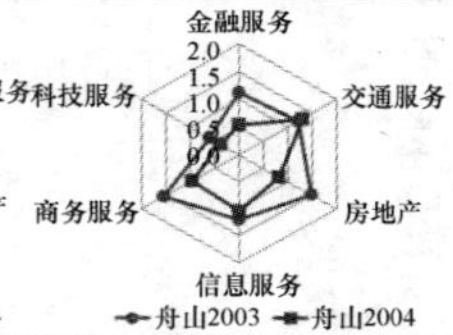

务和信息的降低更为显著。舟山除了交通服务功能有所提高外,其他生产性服务功能均有所下降。由此可见,生产性服务业专业化水平与城市能级关系密切,城市自身的定位和发展条件、生产性服务业的行业属性、企业的管理模式和组织结构共同决定了长三角生产性服务功能网络的形成和演变。

(三) 基于生产性服务业的城市层级演变规律

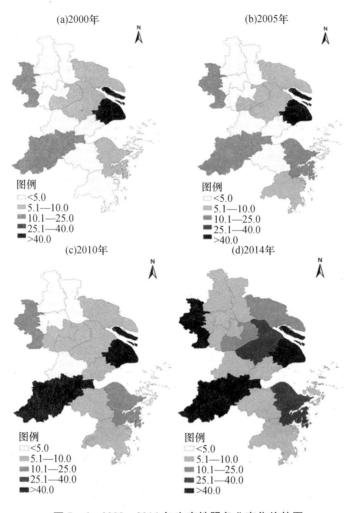

图5—4　2000—2014 年生产性服务业变化趋势图

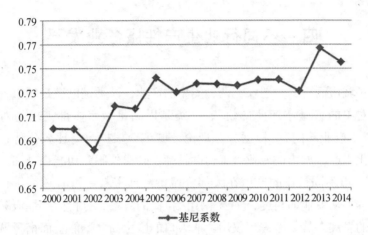

图5—5 长三角生产性服务业基尼系数变化

　　以2000年、2005年、2010年、2014年为时间截面,将16个地市的生产性服务业划分为四个等级进行空间展示,进一步分析长三角16地市的生产性服务业的空间演化过程(见图5—4)。2000—2014年间,长三角生产性服务业的基尼系数基本上在0.7以上,且处于整体上升趋势(见图5—5)。这表明15年间,长三角生产性服务业的空间差距比较突出,生产性服务业整体呈现集聚发展的态势。城市竞争推动生产性服务业的集聚发展,相对高端和相对低端的生产性服务行业在不同层级城市非均衡集聚,又在不断强化城市的等级结构。2002年以前,基尼系数相对较低,长三角生产性服务业处于相对低水平均衡发展阶段。2003—2005年基尼系数在起伏中上升显著,说明长三角中个别城市生产性服务业出现了快速的发展,如宁波从第三等级上升为第二等级,台州从第四等级上升为第三等级。2006—2012年,基尼系数变化不大,16个地市的整体水平都在提升,空间整体差距变化较小。2012—2014年间,长三角的16个地市都上升到了前四个等级,但城市的等级变化显著,上海、南京、杭州位于第一等级,苏州和宁波位于第二等级,无锡和南通处于第三等级,其他八市位于第四等级,城市之间的差距在逐渐拉大。城市服务功能与不同类型生产性服务行业的发展水平息息相关,城市位序的变化也反映出了生产性服务业态的层级演变。

四　不同行业生产性服务业发展

对城市而言，一般存在两种类型的产业，一类是以满足城市外部需求为对象的"基本产业部门"；一类是以满足城市内部需求为对象的"非基本产业部门"。根据分工理论，城市会根据自身比较优势，进行专业化生产，城市的专业分工程度越高，其对外服务功能也越强。由于16个地市不同行业的产值在大部分城市统计资料中没有单列统计，因此，本书从就业的角度，主要采用区位商的方法，分析生产性服务业各行业的发展态势。考虑到仅用就业人口的区位商并不能全面衡量城市生产性服务业发展的真实水平，同时结合2014年长三角生产性服务业的就业人口规模和内部各行业占本市就业比重来考量，如表5—2所示。

（一）金融服务业

2000—2014年长三角金融服务业的从业人数一直处于稳步上升的趋势（见图5—6）。2000年只有34.41万人，增长到2014年的85.48万人，增长了1.5倍左右。从长三角内部来看，各城市之间的差异一直明显存在，基尼系数保持在0.35—0.55。通过比较长三角地区16个地市金融服务业的数据（如图5—7）可以发现，上海市的金融服务业的就业规模一直遥遥领先，2014年达到33.16万人，比第二名的杭州（9.58万人）多出了23.58万人，占长三角总的金融服务业就业人数的38.66%，金融首位度优势相当明显。

无论是从上海的区位商，还是金融服务业占本市就业总人口的比重来看，上海市都是最高的，作为当之无愧的国际金融中心，上海金融环境优越，金融发展具有很强的集聚效应。其他金融服务的区位商大于1且就业人口规模也比较突出的城市有杭州、苏州、宁波、南京，不仅金融服务业发展较快，且属于基本经济活动部门，对外输出能力较强。而南通、无锡和台州的金融服务业的人口规模也较大，区位商趋近于1。因此，这些地区的金融服务业功能对本地区经济发展的促进作用较大，也具有一定的对外输出能力。而常州、泰州、镇江、湖州、镇江等城市虽然区位商大于1，但自身就业人口规模并不突出，其对外输出能力十分有限。

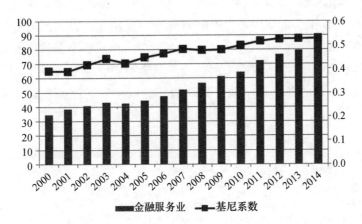

图5—6　长三角金融服务业从业人数变化

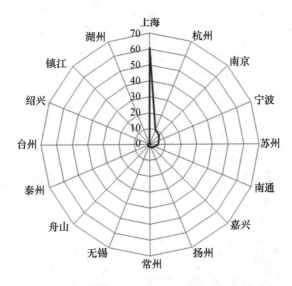

图5—7　2014年长三角分城市金融服务业从业人数

1. 银行业

2004—2011年间，长三角地区16个地市的金融机构存贷款余额整体呈现上升趋势（见图5—8），2011年的金融机构存款余额为

160931.35 亿元，比 2004 年的 47348.69 亿元增长了 113582.65 亿元，平均增速达到 19% 以上。而城市金融机构贷款余额，2011 年为 120128.66 亿元，是 2004 年（36677.81 亿元）的 3.27 倍，平均增速为 18.47%。在银行机构快速发展的同时，不难发现，长三角内部存在着明显的地区差异（见图 5—9）。上海的年末金融机构存贷款余额遥遥领先于其他 15 个地市，说明上海的企业资金雄厚，且盈利效率高，其次是杭州、南京、苏州和宁波，其他地区的城乡居民储蓄存款占据比重较大。

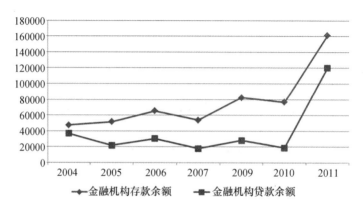

图5—8　长三角16个地市城市金融机构存贷款余额变化（亿元）

注：2004 年之前的数据缺失。

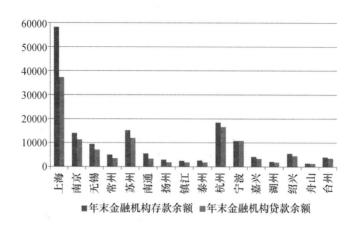

图5—9　2011年长三角16个地市城市金融机构存贷款余额比较（亿元）

　　上海是长三角金融资产最为雄厚的城市，对长三角乃至全国的辐射
效应和影响力都在不断增强。国家发改委发布的《"十二五"时期上海
国际金融中心建设规划》中就提出，促进金融机构总部和功能性金融机
构在上海的集聚发展，努力把上海建设成为我国重要的金融机构总部和
功能性金融机构集聚地。到目前为止，汇丰、花旗、渣打、东亚、交通
银行、浦东银行等众多国内外金融机构将中国、大中华乃至亚太总部设
在上海，并不断升级总部管理权限和扩大业务范围，进一步促进了上海
高端银行服务企业的集聚。从企业的整体空间分布来看（见图5—10），
长三角企业主要分布在沪宁和沪杭甬沿线地区。北部的上海市区、苏州
市区、无锡市区、南京市区沿线形成重要的银行企业集聚区，并且表现
出一定的扩散效应，常熟、昆山、张家港、江阴以及扬州、南通等地区
的银行企业数目也表现出了小范围的集聚。南部沿沪杭甬沿线，杭州、
宁波市区形成银行企业的核心集聚中心，而慈溪、余姚、绍兴等地区也
在逐渐壮大杭甬集聚带的规模。台州并没有形成明显的集聚中心。

图5—10　银行企业总体布局

2. 保险业

随着长三角经济的迅速发展和产业的快速升级，该地区的保险业务有了长足发展。通过分析发现，2004年以来，长三角16个地市的保费一直呈现快速增长的状态，从2004年的804.70亿元增长为2010年的1889.60亿元，年均增长达到15%以上，保险业已具有一定的发展规模（见图5—11）。和银行业类似，从16个地市的空间分布来看，上海的保险机构保费收入相当突出，说明上海的保险市场较为发达。其次为南京、无锡、杭州、宁波，其他地区保险业的保费收入相近（见图5—12）。

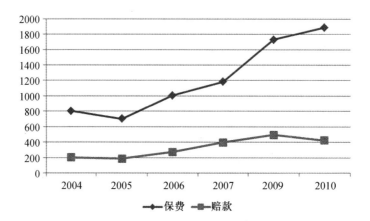

图5—11　长三角保费和赔款金额变化（亿元）

注：2004年之前的数据缺失。

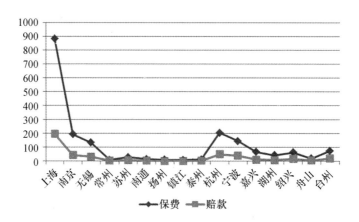

图5—12　2010年的保费和赔款分布（亿元）

改革开放以来，国内一些保险企业取得了较快的发展，如中国人寿保险公司、太平洋保险公司等纷纷在长三角地区拓展业务和提升服务层级，太平洋资产管理公司、平安集团、天安保险公司均选择将总部落户上海。与此同时，中意人寿、华泰保险、友邦保险、中美大都会等诸多中外合资保险公司也选择在长三角设立区域总部和分支机构。从企业空间分布来看（见图5—13），企业的集聚发展态势明显，整体来看，江苏城市的保险企业个数要多于浙江城市，沪宁沿线保险企业的集聚优势更为突出，上海、南京、苏州、无锡、常州、扬州、南通以及昆山、常熟均表现出了连绵发展的态势。南部的杭州、绍兴、宁波发展较快，诸暨作为县级市，发展潜力较大，而长三角的边缘城市台州并没有形成明显的集聚优势，舟山的保险业更有待于提升。整体来看，浙江的保险市场较之江苏还远远没有饱和，未来市场还有较大的发展潜力。

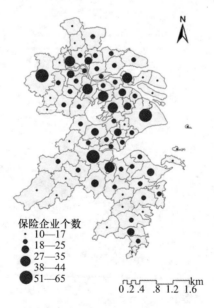

图5—13　保险业企业总体布局图

3. 证券业

长三角金融市场的繁荣带来了证券业的快速发展。长三角证券公司的各项指标（如总资产和营业收入等）的排名在中国证券公司中均稳居前列。2012年，证券公司排名前20位中有7家总部位于长三角地区，分别是国泰君安证券股份有限公司、海通证券股份有限公司、华泰证券股份有限公司、申银万国证券股份有限公司、光大证券股份有限公司、财通证券股份有限公司、东方证券股份有限公司。其中，有5家位于上海，南京和杭州各1家。尤其是上海的证券业，不仅在长三角地区占有绝对优势，也成为国内重要的资产和商品交易中心。

从企业空间布局来看（见图5—14），证券业呈现集聚布局，且主要布局在城市的主城区。上海、南京、杭州、苏州、无锡、宁波成为证券业的集聚中心。其中，上海的企业数占总数的13%，南京、杭州的企业数目各自占10%、11.7%，苏州、无锡、宁波占企业数目的5.1%、4.6%、5.5%，常州、镇江、扬州、泰州、南通、嘉兴、绍兴和台州属于一个层级，也表现出一定的集聚发展态势。总体而言，企业的分层布局现象明显。

图5—14　证券业企业总体布局

（二）交通运输业

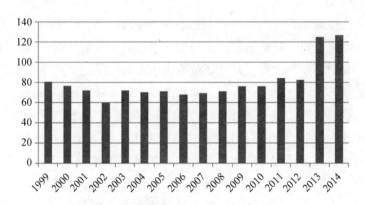

图 5—15 交通运输业从业人数变化（万人）

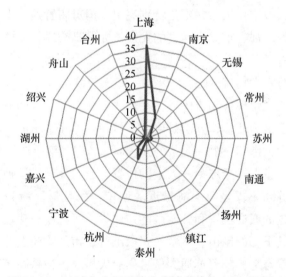

图 5—16 2014 年交通运输业分城市从业人数（万人）

2002 年之前长三角交通运输业的从业人数一直处于下降阶段（见图 5—15），但从 2002 年以来，随着基础设施的逐步完善，长三角的交通运输业开始稳步增长，交通运输业从业人数开始持续增长。尤其是 2014 年，从业人数达到了 126.66 万人，比 2000 年增长了

65.5%。但从区域内部来看，长三角内部的空间差异明显，最高的上海从业人数为 62.04 万人，是最低的湖州（1.28 万人）的近 50 倍（见图 5—16）。

从区位商来看，上海具有很强的对外输出能力，未来将构筑国际大都市一体化交通，基础设施将更趋于完善，其交通运输服务的区位商最高，具有明显发展优势。其他区位商大于 1 的地区包括南京、宁波、舟山、泰州、湖州。泰州、舟山、湖州虽然交通运输业区位商比较高，但就业人数的绝对量并不突出，表明交通运输业的对外输出能力比较有限，尤其舟山属于岛屿城市，与其他城市不具有可比性。杭州、无锡、苏州等区位商也接近 1，且从就业人口的绝对值来看，排名均在前列，也具有一定的对外输出能力。其他城市不仅交通运输业的从业人数的区位商小于 1，且绝对量也较小，因此属于非基本经济活动。总的来说，由于运用现代管理技术和信息技术，作为传统的生产性服务业的交通运输业的就业人数增长虽然并不是特别突出，但毋庸置疑，十年来长三角的各项基础设施都有了突飞猛进的发展，尤其是交通物流体系的网络化正在逐步推进。

随着上海六大物流中心[①]，以及上海洋山港的建设，以上海国际航运为中心的长三角现代物流体系正在形成。从企业的空间分布来看，上海的核心地位最为凸显，其次是南京、杭州、苏州和宁波。根据中港网发布的全球十大港口货物吞吐量统计排名，2012 年宁波舟山港开始超越上海港，一直保持全球第一大港的位置，有力地促进该地区交通运输业的发展。苏州不仅是离上海最近的城市，而且是江浙联系的重要通道，凭借优越的交通位置和开发区港口建设，正在积极建设三大物流园区。因此，其下辖的昆山、常熟、张家港等城市的物流企业发展也表现出一定的集聚态势。随着苏通大桥、崇启大桥、沪通铁路等基础设施的建设，南通的交通区位条件也在逐步优化，致力于跻身"上海一小时交通圈"。与江苏的集聚相比，以民营经济为主的浙江省的物流企业分布相对均衡，除了集中于杭州、宁波、绍兴、湖州、嘉兴等中心城市之

---

① 分别为西北综合物流中心、洋山港物流中心、外高桥物流中心、浦东空港物流中心、白鹤商贸物流中心和吴淞国际物流中心。

外，随着余姚中国塑料物流基地、绍兴中国轻纺城现代物流基地、德清临杭物流园区、长兴综合物流园区的建设，浙江的物流企业分布的扩散趋势更为明显（见图5—17）。

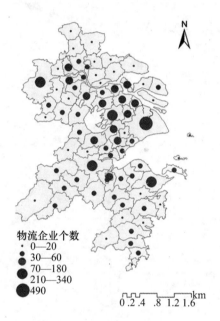

图5—17　物流企业总体布局

（三）房地产业

20世纪90年代以来，随着土地有偿使用制度改革的深化以及住房需求的不断释放，带动了各地的房地产业快速发展。由图5—18可以发现，尤其是2007年以来，长三角的房地产业从业人口呈现直线上升的趋势，从2000年的16.45万人增加到2006年的17.82万人，7年间增长了8.3%，而从2007年到2014年8年间增长了两倍多。但从就业的规模来看，长三角内部房地产业发展的差异相当明显（见图5—19），上海的房地产就业规模最大，达到29.26万人，是排名第二的杭州（9.62万人）的3倍多。上海作为长三角的龙头城市，不仅有本地居民，还吸引了大量外来人口。一方面，优质土地稀缺会造成房价持续上

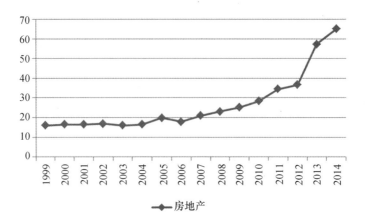

图5—18　长三角房地产业从业人数变化（万人）

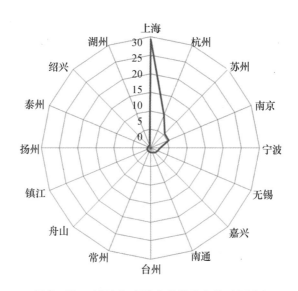

图5—19　2014年房地产业从业人数（万人）

涨；另一方面，在基本居住需求和投资需求的双重驱动下，加快了房地产经济的快速发展。在新一轮的规划中，上海卓越的全球城市，国际经济、金融、贸易、航运、科技创新中心与文化大都市的建设必将吸引更多外籍人士来上海购房。杭州凭借优越的城市环境和自然景观、优质的创业环境，成为省内民间资本不动产置业的首选地，吸引了诸多的新杭州人，刺激了房地产市场发展，房价从2007年的7000元/平方米增长到 2015 年的 18367 元/平方米，涨幅近 162% 。其次是苏州和南京，就业规模 5.43 万人和 5.40 万人。苏州是江苏省的第二大城市，外向型经济发展迅速，"生态"与"园林"相结合的生态型城市建设进一步提升了城市生活环境。南京长期以来形成了以党、政、军、学为主体的橄榄形社会结构，中产消费阶层集中，消费能力强。同时，南京对苏北、皖南等地区的辐射能力不断增强，促进了房地产市场发展，平均房价也从6304 元/平方米涨至 2015 年的 17231 元/平方米，增长了 2.7 倍。

从区位商来看，房地产业的区位商大于 1，且就业人口也较大的城市仅有上海、杭州、南京和苏州。因此，这四个地区的房地产业属于基本经济活动部门，对地方经济发展的策动作用较大。此外，宁波和无锡的就业人口也比较大，且区位商接近于 1，因此具有一定的对外输出能力。

从企业的空间布局来看（见图 5—20），房地产企业主要集聚在传统的长三角"Z"字形发展轴带上。"Z"字形的北翼靠近上海的苏州、无锡、常州也成为房地产企业比较集中发展的地区，南翼的杭州自身房地产发展较快，甚至可以与上海相媲美，周边城市发展相对较缓。

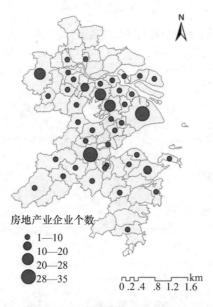

图 5—20　房地产企业总体布局

（四）计算机服务业

2003—2013 年尤其是 2006 年以来，计算机服务业发展较快，基本翻了一番。从就业规模来看，上海计算机服务业的就业人员是 49.43 万人，其次是南京的 14.96 万人，杭州是 9.82 万人，苏州是 4.51 万人，无锡是 2.29 万人。相比之下，长三角其他城市的计算机服务业的就业规模都不足 2 万人。具体见图 5—21、图 5—22。

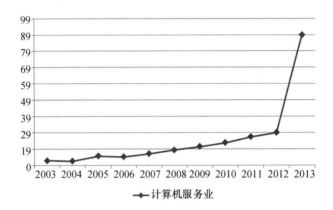

图 5—21 计算机服务业从业人数变化（万人）

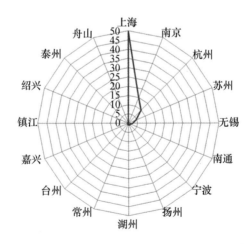

图 5—22 2013 年计算机服务业从业人数（万人）

　　从区位商来看，长三角城市中南京和杭州比较高，都达到了 2 以上，分别是 2.28 和 2.04。其次是上海和苏州，分别是 1.46 和 1.49。这说明这四个城市的计算机服务业属于基本经济部门，具有较强的对外输出能力。而无锡、南通、舟山的就业人口规模次之，区位商也接近于1，可见这三个城市的计算机服务功能对当地经济具有较大的促进作用。和其他部门不同之处在于，上海不再是该部门区位商最高的城市，杭州和南京的计算机服务业就业人口虽然在规模上与上海还有一定差距，但其对外输出能力超过上海。

　　随着上海浦东软件园、杭州高新软件园、苏州软件园以及南京世界软件名城的建设，吸引了众多企业入驻长三角，也促进了本地计算机服务企业的等级提升。从 IT 企业的空间布局来看（见图 5—23），上海、南京、杭州实力相当，其次是沪宁沿线的苏州、无锡和南通，而沪杭甬沿线，除了杭州、宁波，其他水平都较低。昆山和吴江由于地处上海和苏州之间，地理位置优越，也表现出了较好的发展势头。

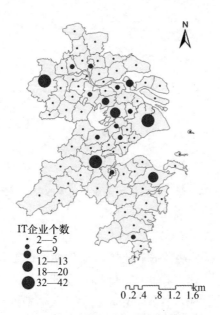

图 5—23　计算机服务企业总体布局

（五）科技服务业

2000—2014 年，长三角的科技服务业的就业人数取得了较快增长，从 2000 年的 20.79 万人增加到了 2014 年的 56.88 万人，就业规模翻了一番。从各市的情况来看，上海的科技服务业就业人员遥遥领先，为 24.95 万人，远远高于长三角其他各市的科技服务业的从业规模。这充分说明，作为长三角的龙头城市，上海不仅集聚了大量的科技与研究人才，而且独立的科研机构较多，在科研服务业方面表现出极大的优势。作为科技资源较为丰富的省会城市，杭州科技服务业的从业人员居第二位，为 8.57 万人，其次是南京的 7.23 万人，居第三位。苏州和南通分别是 2.32 万人和 2.14 万人，宁波是 2.00 万人，其他城市的科技服务业的就业人数均在 2 万人以下。

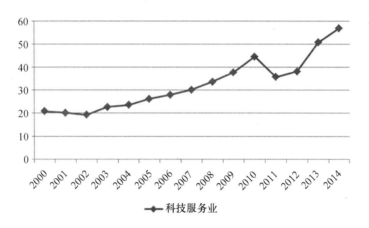

图 5—24   长三角科技服务业从业人数变化（万人）

从区位商来看，长三角只有上海（1.57）、杭州（1.51）、南京（1.38）的科技服务业具有基本经济活动功能；而苏州、宁波、南通的科技服务业的就业人口规模次之，区位商接近于 1，也具有一定的对外输出能力。无锡、常州、嘉兴、镇江的科技服务业的规模也较高，但区位商并不高，这可能与该城市正处于劳动密集型向技术密集型的发展转型阶段密切相关，且该地的科技服务业还主要是为本地区的企业服务，

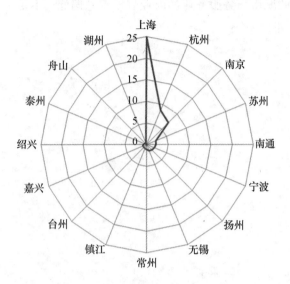

图5—25　2014年科技服务业从业人数（万人）

即有可能是刚从制造业企业内部分离出来的科研机构，市场化程度不高。从设计企业的空间布局来看（见图5—26），和上述分析类似，上海的集聚优势相当明显，南京、杭州作为省会城市，设计企业也具有一定的规模，其次是沪杭沿线的昆山、苏州、无锡、常州正处于制造企业转型发展的过程中，集聚了一些与其密切相关的设计企业，但其规模并不大。

（六）商务服务业

虽然长三角2000—2014年商务服务业的就业人数出现了一些波动，但总体来说，随着社会经济发展和产业分工的细化，长三角的商务服务业一直处于上涨趋势。2004年之前水平普遍较低，只有27万人左右，2012年增加到了49.30万人，2013年以来更是出现了迅猛增长，2014年增加到了107.69万人，是2012年的2.18倍、2003年的3.9倍。从各市的情况来看，上海以60.63万人的优势一直处于最高位置，其次是杭州、南京、宁波和苏州，分别是9.86万人、8.34万人、6.07万人、5.38万人。下一等级的南通和嘉兴，就业规模分别为3.26万人和2.50

万人，剩下的城市商务服务业的就业规模普遍偏低，不足2万人。具体见图5—27、图5—28。

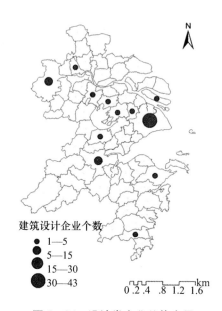

图5—26   设计类企业总体布局

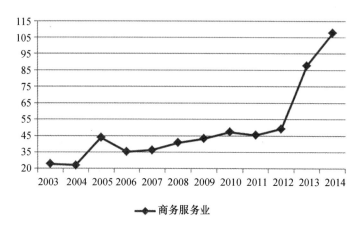

图5—27   长三角商务服务业从业人数变化（万人）

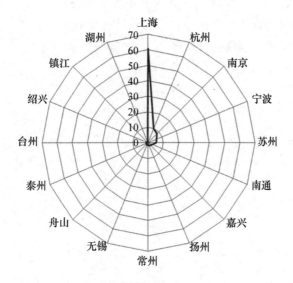

图5—28　2014年商务服务业从业人数（万人）

从区位商来看，只有上海的区位商大于2，是2.45万人，商务服务业发展优势突出，对外服务能力最为显著。杭州（1.39）、南京（1.37）、宁波（1.88）、苏州（1.33）的商务服务业具有基本经济活动功能，不仅区位商大于1，就业人口规模也具有很大优势。南通、嘉兴的商务服务业也表现出了对外输出能力，区位商大于1，但就业规模相对较小。同时，无锡、扬州等城市的商务服务功能也表现出一定的集聚。商务服务业在长三角大部分城市主要为本地服务，对外输出能力较弱。

1. 会计

上海的会计服务一直是以"四大会计事务所"（德勤华永、普华永道中天、毕马威华振、安永华明）为首，国际著名律师事务所的进入提升了长三角会计服务的影响范围和层级，但对于长三角内部而言，对上海周边城市的带动作用并不明显。因此，从企业的空间分布来看（见图5—29），主要集中于上海、南京和杭州。南京的会计服务能力略高于杭州，对于南京而言，江苏天衡会计事务所、苏亚金城会计事务所，不仅在全国前100名会计事务所的排名靠前，而且在江苏省内都设立了不同的分支结构，对于江苏省内会计服务整体实力的提升发挥了重要作用。杭州排名前列的会计事务所包括天健会计师事务所、浙江天平会计师事务所等，对于提升浙江会计服务能力大有裨益。

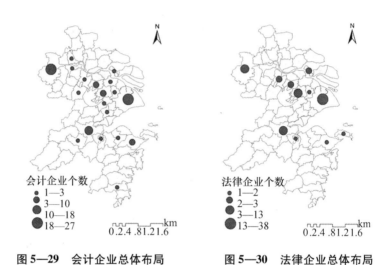

图5—29   会计企业总体布局   图5—30   法律企业总体布局

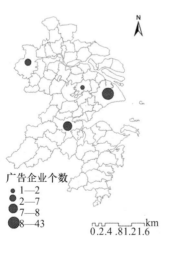

图5—31   广告企业总体布局   图5—32   咨询企业总体布局

2. 法律

与会计师事务所的空间分布类似，长三角律师事务所主要集中在上海、南京、杭州、苏州等城市（见图5—30）。长三角本地的律师事务所发展优势并不明显，但作为中国经济快速发展的区域之一，众多外部区域的律师事务所都会选择在此设立分支机构，也促进了长三角律师服务功能的提升。根据中国百强律师事务所排名来看，排名前50位的律师事务所中，长三角地区仅有5家，分别有上海的锦天城律师事务所、国浩律师事务所，杭州的浙江六和律师事务所、浙江泽大律师事务所，以及南京的江苏法德永衡律师事务所。但排名并不是太靠前，说明长三角律师服务功能上升的空间还比较大。

3. 广告业

与以上商务服务业相比，广告业的空间集聚性更强，上海作为全国经济中心，广告业的发展具有得天独厚的优越条件。其次是杭州和南京，受上海扩散作用的影响，苏州的广告业也有了小规模的发展。作为我国世界500强企业聚集最多的城市，上海成为大部分4A广告公司进入中国的第一站，盛世长城、奥美、麦肯光明、智威汤逊等诸多全球顶级4A公司将总部设在上海，尤其是2008年世博会的带动作用，促进了上海广告业的高速发展。杭州和南京的广告公司均以本地企业为主，在企业规模、技术水平、企业经营理念与世界知名广告公司还有一定差距（见图5—31）。

4. 咨询业

咨询企业的空间分布为北翼的轴带集聚和南翼的零星分布（见图5—32）。上海作为第一批对外开放城市，经历了浦东的开发崛起和世博会的成功举办，外商投资日趋旺盛，带动了咨询服务业的蓬勃发展。据统计，入世后的3个月就批准外资咨询机构1000多家，堪比入世前20多年的总和。同时，一些本地咨询机构也取得了较快发展，如上海东方投资监理、上海新世纪信息咨询公司等。同时，上海咨询市场的逐步完善也带动了杭州和南京咨询业的发展。为了满足业务的需要，翰威特咨询公司、锡恩咨询公司等许多知名咨询机构开始在长三角设立分支机构。

五 小结

基于长江三角洲 16 个地市的生产性服务业数据，选用空间基尼系数、空间自相关、区位商等方法构建产业整体发展特征与空间格局测度，从时间和空间层面、产业整体和行业内部等综合视角分析了长三角生产性服务业的时空演化特征，得出的主要结论如下：第一，长三角生产性服务业的发展分为从波动增长到稳定增长，再到快速增长三个阶段。2003 年以来，生产性服务业的发展一直在提速提质，专业化水平不断提高的同时，内部结构也在持续优化。作为传统的生产性服务业，交通运输业的发展处于下滑趋势，而作为中间投入的金融服务、商务服务、咨询服务等知识密集型生产性服务业吸引着大量高素质人才，呈现加速发展的态势。第二，长三角生产性服务业在地理空间中整体上呈现点状集中的模式，并没有出现离心化的趋势。2000 年、2005 年、2010 年和 2014 年长三角生产性服务业的格局变化显示生产性服务企业的空间拓展更趋向于等级扩散的模式，而非蔓延式的接触扩散。第三，长三角生产性服务业的就业人口规模与生产性服务功能呈现正向相关，就业人口规模越大，其职能越完善，反之职能较为单一。但整体来看，生产性服务业专业化趋势明显，不同城市基本形成了自己的发展优势和特色产业，内部的职能分工更加明确。

整体来说，虽然近几年长三角生产性服务业发展迅速，但诸如城市同质化发展明显、区域一体化合作欠缺等问题依然存在。因此提出以下建议：第一，根据城市生产性服务业发展态势采取不同的发展策略。如上海这种基本稳定型的城市，应该以承接国际产业转移为重点，积极吸引更多的研发中心、投资中心、管理中心和地区总部等机构，增强对全球资源的调动能力。南京、杭州、苏州等显著增长型城市已经在信息服务、科技服务等方面取得发展优势，要围绕信息技术、科技服务与生产制造的融合发展，建成一批重点特色生产性服务业集群。常州等此消彼长型城市要重点围绕生产性服务业薄弱环节，如信息服务等促进产业结构转型升级。对于嘉兴等亟须改善型城市要积极推动科技创新、产品创新、管理创新、市场创新和经营模式创新，推进交通运输等传统生产性服务业转型升级，积极发展科技服务等新兴生产性服务业。第二，形成合理的区域分工与合作。生产性服务业的集聚发展可以带来规模经济效应和知识溢出效应，通过有效降低企业交流成本和信息成本，带动整体产业效率的提升。强化中心城市的核心作用，通过中心城市引领周边城市发展优势产业，同时，促进中小城市加强与区域整体网络的联系，寻找自身合适的位置。第三，加快创新集群发展。生产性服务业的集聚发展，其本质是生产性服务企业及其关联机构的空间集中。"互联网＋"背景下，要以本地优势生产性服务行业为重点，充分利用大数据、云计算等新技术，与传统产业整合对接，激励院校、科研机构和行业协会等协同构建公共服务平台，建设配套齐全的功能园区来支持生产性服务企业的创新集聚。

第六章

基于生产性服务业的
长三角城市网络特征

本章借鉴西方有关的研究工具，运用连锁网络模型和残差分析模型，从城市网络的层级特征、网络模式、功能特征三个方面分析了长江三角洲地区基于生产性服务业的城市网络发展特征，并进一步比较2000年和2012年的网络连接度的变化，分析长三角十年间的节点城市的层级变化、网络格局的空间演变和城市功能的演进过程。

一 数据处理与研究方法

（一）数据采集及处理

为了全面地反映基于生产性服务业的长三角城市之间的经济联系，依照生产性服务业的六大行业分类，本书选取了11种不同类型的生产性服务企业，包括银行、证券公司、保险企业、房地产企业、通信IT、物流企业、会计、法律、管理咨询、广告、建筑设计，共552家企业。

在已经选择的552家企业数据库基础上，根据企业不同分支机构的重要程度对其进行0—5的赋值（见图6—1）。5代表该城市为公司总部所在地，没有设置分支机构则为0，如果分支机构为区域性总部，则为其赋值4。如果设立的是一般的分支机构赋值为2，较之一般分支机构规模较大或外向功能比较强的赋值为3。相对来说，规模较小或外向功能比较弱的为1。最终结果表示为11个生产性服务业部门在长三角76个城市的分布，形成"76（城市）×552（企业）"的矩阵，总共包含4935个企业数据。

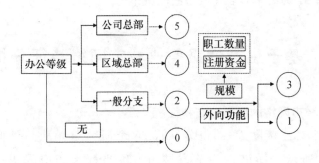

图6—1　企业赋值

（二）计算模型

根据泰勒（2004）的企业连锁网络模型，假设 n 个城市中有 m 个生产性服务企业，V_{ij} 表示 j 公司在 i 城市的服务值，即 i 城市的分支机构在 j 公司办公网络中的重要程度，服务企业 $n \times m$ 就构成了服务矩阵 V，其中：

以公司 j 表示的城市 a 与 b 的网络连接度为：

$$R_{ab,j} = V_{aj} \times V_{bj} \qquad (6—1)$$

其中，V_{aj} 为 j 公司在 a 城市的服务值；V_{bj} 为 j 公司在 b 城市的服务值；$R_{ab,j}$ 表示基于 j 公司的城市 a 与城市 b 之间的联系度。

则城市 a 和 b 之间的综合网络连接度可以表示为

$$R_{ab} = \sum_{j}^{m} = 1 R_{ab,j} \qquad (6—2)$$

因为每个城市最多有 $n-1$ 个这样的联系，网络中每个城市的总连接度为：

$$N_a = \sum_{i=1}^{n} R_{ai}(a \neq i) \qquad (6—3)$$

其中，R_{ai} 是城市 a 与城市 i（$a \neq i$）的联系度；N_a 则表示 a 城市与网络中其他城市的总连接度。一个城市总的连接度越高，说明其能更好地融入整个生产性服务业网络之中。

对于单个城市而言，其相对网络连接度可表示为：

$$P_a = \frac{N_a}{N_h} \qquad (6—4)$$

其中，N_h 为网络总连接度最高的城市。

二　基于生产性服务业城市网络特征分析

（一）城市网络的层级分布特征

根据相对连接度 P_a 的得分，将 76 个研究单元从高到低排序，如图 6—2 所示，横坐标为节点城市，纵坐标为相应的 P_a 值，得到一条平滑的曲线。综合运用 SPSS 13.0 分层聚类的 Q 型聚类方法将 76 个城市聚成七类，如表 6—1 所示。上海为第一层级，综合网络连接度为 33415，远远高于其他城市，处于绝对优势地位，是理所当然的网络核心节点。南京、杭州为第二层级，相对网络连接度位于 0.800 以上，是网络的次核心节点。苏州、宁波、无锡为第三层级，相对网络连接度在 0.601—0.800，是重要的网络联系中心。常州、南通、绍兴等为第四层级，相对网络连接度在 0.501—0.600，是网络联系的次中心。台州、湖州、昆山、常熟等为第五层级，相对网络连接度在 0.401—0.500，是地方性网络联系中心。江阴、富阳、太仓等为第六层级，相对网络连接度在 0.251—0.400，为地方性网络联系次中心。海盐、天台等为第七层级，相对网络连接度小于 0.250，是地方网络联系节点，在网络中联系作用最弱。通过比较各层级之间以及层级内部的 P_a 值差异可以发现，随着层级的降低，层级之间的"跌落"现象逐渐减弱。从七个不同层级来看，个别城市如昆山、常熟等城市承担了区域网络联系中心的作用，并不仅仅局限于城市已有的行政等级功能。这在某种程度上反映出基于生产性服务业的城市网络扩张并不完全遵循已有的基于地理空间的行政等级体系，城市在网络中的地位受社会经济发展水平、城市创新要素、信息技术条件、基础设施条件等因素的共同影响。

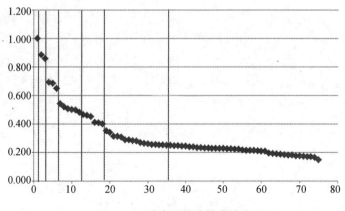

图6—2 城市网络连接度排序

表6—1 基于生产性服务业的城市节点的层级分布

层级	P_a	数量	城市
一	1.000	1	上海市区
二	0.801—1.000	2	南京市区、杭州市区
三	0.601—0.800	3	苏州市区、宁波市区、无锡市区
四	0.501—0.600	5	常州市区、南通市区、扬州市区、嘉兴市区、绍兴市区
五	0.401—0.500	7	台州市区、镇江市区、泰州市区、湖州市区、昆山市、舟山市区、常熟市
六	0.251—0.400	20	太仓、吴江、张家港、余姚、慈溪、富阳、江阴、宜兴、上虞、诸暨、宁海、海宁、象山、靖江、丹阳、临安、嵊州、奉化、桐乡、温岭
七	<0.250	37	海盐、天台、桐庐、泰兴、淳安、新昌、溧阳、仙居、嘉善、海门、姜堰、海安、长兴、江都、金坛、如东、如皋、启东、建德、扬中、句容、德清、兴化、平湖、仪征、三门、安吉、高淳、溧水、高邮、临海、宝应、崇明、玉环、岱山、嵊泗、通州

根据以上城市网络的层级划分，绘制成图分析其空间分布状况（见图6—3），可以发现网络层级分布的空间集聚效应比较明显。从城市节

点的空间分布来看，沪宁、沪杭沿线以及浙江的环杭州湾地区成为较高
等级的网络节点相对比较集中的区域。该地区不仅生产性服务业发展水
平高于其他地区，且具有良好的对外输出基础，在网络中承担着重要的
枢纽作用。从网络节点分布与城市行政等级的相关性来看，毋庸置疑，
地级以上城市表现出生产性服务业的集聚优势，但昆山、常熟等县级市
在网络中开始承担起重要的节点作用。

图6—3　城市网络层级分布

（二）城市网络的关联模式

根据公式（6—1）（6—2），对76个城市之间的生产性服务业网络
关联进行计算，得到对称矩阵表（见表6—2）。将2775组城市间的网
络连接度 R_{ab} 从低到高排序，发现随着次序的增长，城市之间的网络连
接度呈现出某种指数增长的趋势（见图6—4）。进一步对其分析发现，
R_{ab} 值最大的联系城市对为上海—杭州（2789）、上海—南京（2755），
网络联系强度远远高于第三位的上海—苏州（1701）、上海—宁波
（1654）。具体分析，其中，有1421组城市网络连接度小于100，占总
数的51.21%；984组城市间的网络连接度位于100—200，占总数的

35.45%；312 组城市间的网络连接度位于 200—500，占总数的 11.24%；47 组城市间的网络连接度位于500—1000，占总数的 1.69%；仅有 11 组城市间的网络连接度大于1000，占总数的0.39%。城市网络连接度存在着明显的位序关系。

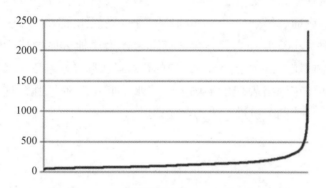

图 6—4　基于生产性服务业的城市网络连接度排序

表 6—2　　基于生产性服务业的城市网络关联矩阵（截取部分）

	上海	南京	高淳	无锡	江阴	宜兴	苏州	常熟	张家港	昆山	吴江	太仓	……
上海	—	2226	178	1071	316	315	571	143	158	772	238	205	……
南京		—	177	929	307	331	557	161	155	700	224	208	……
高淳			—	117	68	73	104	52	58	105	66	63	……
无锡				—	253	247	394	123	111	497	172	160	……
江阴					—	139	178	74	65	215	101	99	……
宜兴						—	183	74	69	205	102	100	……
苏州							—	127	117	360	151	144	……
常熟								—	60	123	68	73	……
张家港									—	108	66	61	……
昆山										—	175	157	……
吴江											—	86	……
太仓												—	……
……	……	……	……	……	……	……	……	……	……	……	……	……	……

借助于 ArcGIS 软件，选取网络连接度 R_{ab} 大于 250 的城市联系，制作基于生产性服务业的长三角城市网络关联图，进一步分析网络的空间特征（见图 6—5）。从城市网络体系的城市层级、城市间的网络联系强度两个角度分析，发现基于生产性服务业的城市网络体系存在着明显的分层集聚现象，传统的长三角"Z"字形区域依然是网络联系的核心，但北部的南通、扬州以及南部的绍兴等也表现出了与核心区的快速融合。同时，2003 年加入长三角的南部台州沿海地区已经成为网络连接的次核心区域。区别于传统的纵向的行政等级联系，基于生产性服务业的长三角城市网络表现出了城市间"水平联系"的增强，这一点还将通过网络模式的分析进一步得以验证。

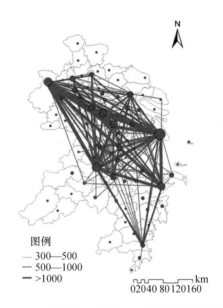

图6—5　基于生产性服务业的城市网络联系

为了进一步分析区域网络的流向，通过比较其 16 个中心城区与各自下辖空间单元的网络联系，以及与行政辖区外空间单元的网络联系，分析其不同的网络关联模式。如表 6—3 所示，中心城区依然是网络联系的主要节点。通过比较中心城区与各自下辖空间单元的网络联系比重和中心城区与其他空间单元网络联系单元比重发现，长三角各个中心城区的网络联系，不再仅仅局限于本地的地域服务，而出现了向地区外扩散的趋势。城市节点的外向性功能增强，即基于地区内部联系的传统中心地模式特征正趋于弱化，区域内部的"水平联系"得以不断强化。

表6—3　　　　　　　　三类网络联系的比重　　　　（单位：%）

城市	中心城区之间的网络流量比重	与各自下辖空间单元的网络联系比重	其他空间单元网络联系比重
上海市区	53.1	0.7	46.2
南京市区	50.7	1.3	48.1
杭州市区	50.7	4.5	44.8
宁波市区	46.8	6.5	46.6
苏州市区	47.4	8.4	44.2
无锡市区	47.3	2.7	50.0
南通市区	43.7	5.0	51.3
绍兴市区	42.9	5.4	51.7
常州市区	44.7	2.3	53.1
嘉兴市区	42.1	5.2	52.7
扬州市区	43.1	3.4	53.4
台州市区	41.0	5.4	53.7
湖州市区	38.9	3.0	58.1
镇江市区	41.2	3.3	55.5
泰州市区	39.7	4.6	55.8
舟山市区	34.9	1.8	63.3

通过网络的连通性分析发现，基于生产性服务业的城市网络具有空间集中性的特征，网络联系度大于300的城市对中，前2.5%的城市联系对中所涉及的城市，主要发生在上海、南京、杭州、苏州、宁波五个城市之间，尤其对于层级较低的城市，其生产性服务业的对外联系具有更明显的空间指向性，上海成为这些城市生产性服务业网络的最具集聚优势的城市。为了进一步分析网络体系中主要核心城市的重要程度，提取出城市层级前三位的城市，对其空间的覆盖范围进行分析。

通过图6—6可以发现，作为长三角的区域网络核心城市，上海具有绝对的连通优势，影响的范围不仅仅限于中心城区，对县级城市的影响也相当显著。值得指出的是，与已有的基于实体经济或者基础设施联系的网络特征并不完全一致，南京、杭州与上海之间的差距并不是特别突出。虽然覆盖面没有上海广，但也不仅仅局限于自身所在省份之内，扁平化发展的趋势越发显著。从连接线的数量和网络连接度来看，上海的网络指向性是最强的，涉及面也最广，R_{ab} 在 200 以上的连接线有 98 条，占总数的 73.4%；南京、杭州紧随其后，分别有 69 条、64 条，占总数的 51.8% 和 48%；而苏州、宁波分别有 42 条和 45 条，占总数的 31.5%、33.8%。因此，基于生产性服务业的长三角城市网络具有扁平化和层级性共存的特征。

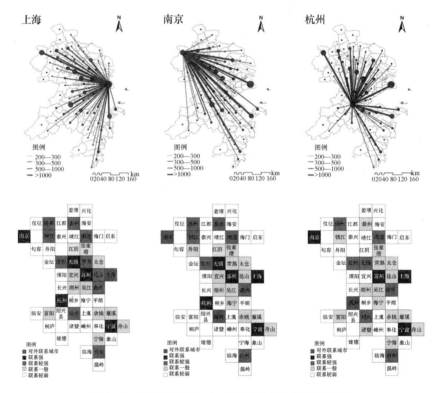

图6—6   上海、南京、杭州与其他城市的网络联系

注：上海、南京、苏州、无锡、常州、南通、扬州、镇江、泰州、杭州、宁波、嘉兴、湖州、绍兴、舟山、台州等均为城市市区概念，以下类似图中同。

（三）城市网络的功能特征

城市之间的网络连接是不同生产性服务公司的分支机构网络"连锁"而成，然而不同的功能也产生了不同的功能分布。通过比较基于生产性服务业的 11 个不同部门的 16 个城市的 P_a 值，发现 11 项生产服务业的功能分布特征差异明显，根据各自形成的网络特征，大体分为三大类。第一类为完善型，包括银行金融、保险、物流、通信 IT 功能；第二类为扁平型，包括房地产、证券功能；第三类为专业型，包括会计、法律、广告、管理咨询、建筑设计功能（见表6—4、图6—7）。分类依据主要是源于两点，一是根据所涉及城市的数量确定功能中心的分布，二是根据网络连接度从大到小排序后，分析所形成的曲线斜率变化，确定网络的层级特征。

表6—4　　　　　　　　　　不同服务功能的网络特征

类型	服务功能	功能中心			网络特征
完善型	银行金融	上海、南京、杭州、苏州、宁波			网络完善，层级特征明显
	保险	上海、南京、杭州、苏州、宁波			
	物流功能	上海、南京、杭州、苏州、宁波			
	通信 IT	上海、南京、杭州、苏州			
扁平型	房地产	上海、南京、杭州、无锡			功能中心分散，层级特征不明显
	证券	上海、南京、杭州、苏州			
专业型	法律	上海、杭州、南京			功能中心集中，除功能中心以外的其他城市服务值较低
	会计	南京、上海、杭州			
	广告	上海、杭州、南京			
	管理咨询	上海			
	建筑设计	上海			

1. 完善型

从图6—7可以发现，第一类所包含的银行金融、保险、物流、通信 IT 功能前五位的功能中心基本一致，依次为上海、南京、杭州、苏州、宁波。同时，为了满足客户需求，这类服务企业的区位选择容易受

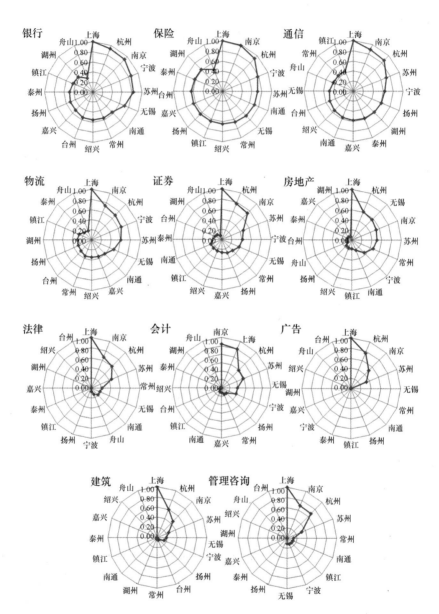

图6—7　不同类型的生产性服务业功能分布

纵向的行政层级体制影响，因此总体来看，功能分布的分层级现象突出，所形成的城市网络相对比较完善。从曲线的斜率来看，曲线相对平滑，不同层级之间过渡平缓，功能中心之间的差异趋于缩小，尤其是保险功能，处于较高等级的上海、南京、杭州基本处于同一水平线，而中间等级的常州、嘉兴、扬州、台州等差异微弱。其中，尤以银行金融功能的分层现象最为显著，物流和通信 IT 功能次之，保险功能相对较平缓。同时，保险功能和物流功能还出现了个别"凸点"，如物流功能方面的南通，以及保险功能方面的常州、南通，通信 IT 功能方面的扬州等。

2. 扁平型

第二类房地产、证券功能的覆盖范围相对较多，但由于企业布局策略的不同以及节点城市基础设施和信息技术水平的改善，此类服务企业的经营模式在空间范畴上并不是附着于地理空间的线性外推，更多的是通过分支机构实现跨越式的空间扩展。因此，所形成的城市网络的分层现象不明显。从曲线的斜率来看，曲线起伏较大，不同层级的功能中心之间的差距显著。功能中心的分布比较分散，除了上海、南京、杭州，房地产服务功能中心还包括无锡和常州，证券功能中心包括宁波、苏州、无锡。

3. 专业型

第三类会计、法律、广告、管理咨询、建筑设计服务功能中心分布比较集中，除了功能中心以外，其他节点城市的服务值都比较小。其中，法律、会计功能主要集中在 4 个显著的功能中心，分别为上海、南京、杭州、苏州，而广告、建筑设计、管理咨询更为集中，体现出上海绝对的核心地位。除了核心城市外，其他城市基本没有涉及。从服务功能之间的差异来看，会计服务功能在主要功能中心的排序有所变化，南京的功能相对突出，这说明在南京设有分支机构的服务公司在长三角其他城市开设的分支机构较少，在长三角内部产生的网络连接较少，网络效应不明显。建筑设计和管理咨询服务中，上海服务功能的主导地位产生的原因也与此类似。总而言之，此类服务功能主要由长三角以外更大范围的连锁公司在本区域设立的分支机构所产生，这些公司通常只会选择少数几个核心节点设立分支机构（有时可能只设立一个），对区域内部的网络联系贡献较少或没有贡献。

三　基于生产性服务业城市网络演化格局

通过对长三角地区基于生产性服务业的城市网络的特征分析,还需要更深入地探讨长三角基于生产性服务业的城市网络时空格局是什么。为了回答这个问题,选择 2000 年和 2012 年的城市网络做对比分析,以期发现其中的空间格局变化规律。

(一) 数据说明

基于生产性服务业的城市网络格局演变,最直接的原因在于生产性服务企业在不同城市设立的分支机构发生变动,企业倒闭、被兼并或者进一步拓展市场,都会导致企业分支机构地位的变化,从而影响城市连锁网络。因此,通过企业的注册年份对 2012 年 11 个部门的生产性服务企业数据进行整理发现,从企业数量来看,2000 年的企业数量大幅度缩减,如表 6—5 所示,但从所占比例来看,每个行业部门占生产性服务业企业总数的比值基本保持均衡。

表 6—5　　　　　　　　不同服务行业的企业个数变化

行业部门	2000 年	2000 年占比 (%)	2012 年	2012 年占比 (%)
银行金融	24	10.1	58	10.5
保险	20	8.4	60	10.9
证券交易	21	8.9	56	10.1
物流	23	9.7	55	10.0
计算机通信	25	10.5	54	9.8
房地产	22	9.3	43	7.8
会计	22	9.3	45	8.2
法律	17	7.2	46	8.3
广告	18	7.6	49	8.9
建筑设计	22	9.3	48	8.7
管理咨询	23	9.7	38	6.9
总计	237	100	552	100

（二）节点城市的层级变化

根据相对网络连接度 P_a 的排序，分析不同城市在网络层级中名次的变化。其中最明显的特征就是上海一直处于网络的最高层级，是长三角区域网络的核心节点。而南京和杭州的名次虽然发生了变化，但一直紧随上海之后，成为网络联系的第二个层级，其次是苏州、宁波和无锡。其他地市中，上升比较明显的城市包括南通、扬州、嘉兴和绍兴，下降比较明显的有镇江和舟山（见表6—6）。

表6—6　　2000年和2012年长三角16个地市城市市区的名次变化

2012 年			2000 年		
名次	城市	P_a	名次	城市	P_a
1	上海市区	1.000	1	上海市区	1.000
2	杭州市区	0.872	2	南京市区	0.886
3	南京市区	0.832	3	杭州市区	0.859
4	宁波市区	0.671	4	宁波市区	0.694
5	苏州市区	0.668	5	苏州市区	0.687
6	无锡市区	0.571	6	无锡市区	0.651
7	镇江市区	0.518	7	南通市区	0.542
8	常州市区	0.507	8	常州市区	0.523
9	南通市区	0.497	9	嘉兴市区	0.507
10	台州市区	0.495	10	扬州市区	0.504
11	嘉兴市区	0.457	11	台州市区	0.502
12	湖州市区	0.454	12	绍兴市区	0.501
13	舟山市区	0.454	13	镇江市区	0.467
14	绍兴市区	0.441	14	泰州市区	0.461
15	泰州市区	0.434	15	湖州市区	0.453
16	扬州市区	0.412	16	舟山市区	0.412

综合考虑76个研究单元2000年和2012年网络连接度的变化，可以发现上升显著的城市包括扬州的仪征市和江都市，绍兴的诸暨、上虞，宁波的慈溪、余姚、象山和宁海，台州的温岭市。同时，名次下降

显著的城市包括舟山的岱山、嵊泗，杭州的建德、临安、淳安，湖州的德清、安吉，台州的玉环、天台，常州的金坛和南京的溧水。即沪宁和沪杭甬沿线成为网络连接度上升比较明显的区域。

　　传统的城市等级研究强调城市之间的竞争关系，作为全球化和区域化资源配置和组织管理的生产性服务企业，通过其各个分支机构之间的合作促进城市之间相互联系。这种企业内部的分工合作实现了城市关系的再生产，也更强调城市在网络中的互补和合作。因此，城市在网络中层级的变化并不是简单的上升或者下降，它表现出的是长三角区域范围内整个网络联系的变动。从这个角度来看，对其相对网络连接度 P_a 求平均值比较发现，平均网络连接度从 2000 年的 0.326 增加到 2012 年的 0.352。因此我们也可以说，尽管上海、南京、杭州依然占据着区域网络联系的主导地位，但长三角的"水平联系"在逐渐增强，生产性服务业发展水平正在长三角范围内扩散，整个区域正在形成一体化的发展网络（见图6—8）。

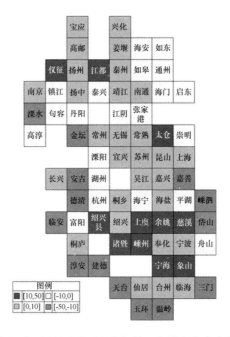

图6—8　2000 年和 2012 年长三角城市名次变化

（三）网络格局的空间演化

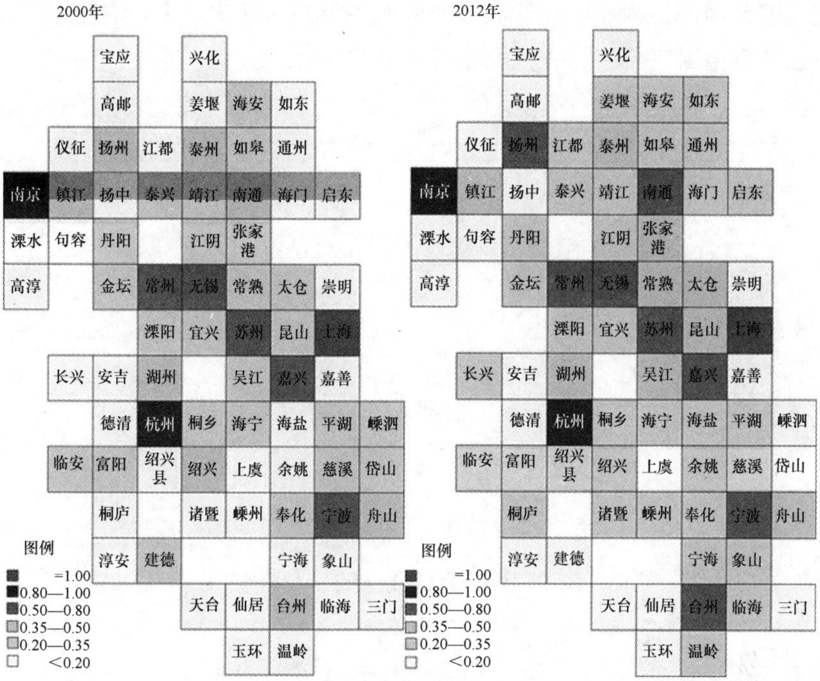

图 6—9　2000 年和 2012 年相对网络连接度格局

通过计算 76 个研究单元的相对网络连接度 P_a，并对其进行排序，分别得到 2000 年和 2012 年长三角基于生产性服务业的城市网络联系图（见图 6—9）。比较 2000 年、2012 年不同等级的地域间企业联系 P_a 值的变化，分析区域网络联系强度的层级的变化。从中可以发现，十多年间，虽然上海、南京、杭州一直保持着网络联系的绝对优势，但长三角区域企业分支机构的网络联系整体呈现出明显扩散趋势，其中，相对连接度位于 0.5—0.8 范围内的城市由 2000 年的 5 个增加到 8 个，0.35—0.50 范围内的城市个数由 2000 年的 8 个增加到 2012 年的 11 个，相对连接度在 0.20—0.35 范围内的城市个数由 24 个增加到 32 个。也就是说，以较高等级的城市的个数来衡量长三角区域的网络联系演化，可以发现网络具有非常明显的扩散趋势。同时，通过计算综合网络连接度 R_{ab} 的累积百分率，绘制 2000 年和 2012 年的洛伦兹曲线也可以证明（见图6—10）。与 2000 年相比，2012 年网络的联系表现出扩散化加强，这说明区域范围内，生产性服务业的服务范围在逐步扩大，有更多的城市加入网络联系中来，并开始发挥重要作用。

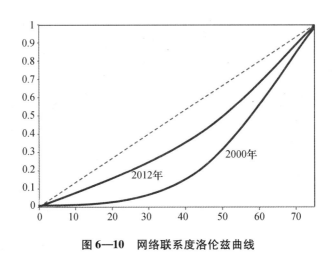

图6—10   网络联系度洛伦兹曲线

以上是根据 2000 年和 2012 年网络连接度的绝对改变量的分析，直观地反映出了与 2000 年相比，2012 年城市网络的空间格局变化，但不容忽视的是，以上方法并不能很好地测度出个体城市的属性差异。比如城市网络中层级较高的城市的地位变化，从名次来看，这些城市的上升空间会受到限制，而从理论上来说，可能这些城市在容纳了较多高等级的企业分支机构情况下，市场已经趋于饱和；或者某些城市自身连接度可能变化并不大，而其他城市名次的升高或降低，也会间接影响该城市连接度在总体样本中的位置变化。由于标准化残差可以反映出预测值与原始值之间的相对变化，因此有必要采用残差分析模型（Standardised Residuals）对网络格局的演变做进一步的深入分析。该分析模型主要分为以下几个部分。

首先分别对 2000 年和 2012 年的综合网络联系度 N_a 进行标准化，即

$$SN_a = \frac{N_a - Naverage}{\sigma_N} \tag{6—5}$$

其中，$Naverage = \dfrac{\sum\limits_{i=1}^{n} N_i}{n}$，$\sigma_N = \sqrt{\dfrac{\sum\limits_{i=1}^{n}(N_i - Naverage)^2}{n}}$。

其次比较 2000 年和 2012 年标准化后的差值，以此来表征城市网络连接度的变化。

$$CC_a = SN_{a(2012)} - SN_{a(2000)} \tag{6—6}$$

最后，为了深入分析城市网络格局的演变对网络连接度变化的差值再次标准化。

$$SCC_a = \frac{CC_a - CCaverage}{\sigma_{CC}} \tag{6—7}$$

其中，$CCaverage = \dfrac{\sum\limits_{i=1}^{n} CC_i}{n}$，$\sigma_N = \sqrt{\dfrac{\sum\limits_{i=1}^{n}(CC_i - CCaverage)^2}{n}}$。

通过以上方法，采用一元线性回归的方法着重分析 SCC_a 和 N_a（2000）的二维散点分布，并且通过标准化值的残差计算结果来观测部分散点（预测值与实际值）的偏移情况，详细分析差值的变化。

以 SCC_a 为纵坐标，$N_{a(2000)}$ 为横坐标，得到差值和 2000 年实际值的散点图分布（见图 6—11），从中可以更清楚地表明长三角城市 2000 年和 2012 年的综合网络连接度变化。上海、杭州的连接度出现了相对下降，而南京、南通、台州等出现了相对上升。但通过趋势线发现，两者之间呈现负相关，因此借助 SPSS 13.0 软件，进一步对二者进行标准化残差分析，得到 SCC_a 偏离平均值标准差的倍数，从而考察 $SCCa$ 和 $N_{a(2000)}$ 之间的异同性。采用 Kolmogorov-Smirnov 方法对 SCC_a 和 $N_{a(2000)}$ 做正态分布检验，根据回归标准化残差的直方图和正态分布图均可以发现（见图 6—12、图 6—13），在 0.05 显著性水平下，满足正态分布的要求。

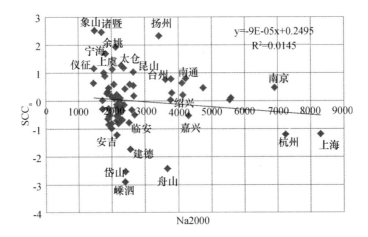

图6—11   2000年和2012年相对网络连接度格局

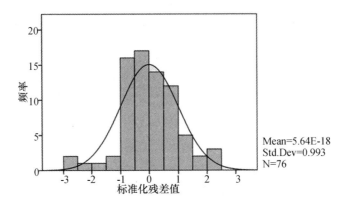

图6—12   标准化残差分析的直方图

从表6—7可以发现，各个城市的残差标准化值相差比较明显，从最低的嵊泗县（−2.918），到最高的启东市（2.393）。进一步分析排名前10位和后10位的城市网络连接度的标准化残差的变化，标准化残差值排名前10位的城市中，包括南通的启东市、如东县，宁波的慈溪市，杭州的临安市、富阳市，绍兴的上虞市，苏州的昆山市、张家港市，扬州的扬州市区、扬中市，无锡的宜兴市，嘉兴的桐乡市，而标准化残差值排名后10位的城市包括台州的温岭市、临海市、玉环县，泰

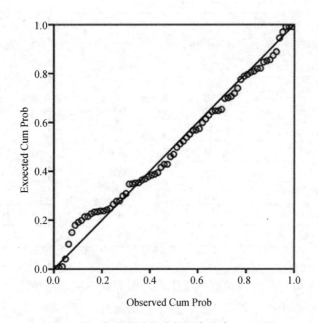

图 6—13 标准化残差分析正态分布 P – P 图

州的靖江市、泰兴市，湖州的德清市、安吉县，上海的崇明县，舟山市区和岱山县、嵊泗县，杭州的建德市。综合来看，网络的连接范围正在从传统的"Z"字形区域向外扩散，在"Z"字形范围内部，网络的节点不再仅仅局限于城市的市区范围，其所辖的县级市开始分担其在网络中的连通作用，如苏州的昆山、张家港，杭州的富阳等，周边的绍兴、扬州、嘉兴等城市的网络连通性在逐渐增强。由于生产性服务业对于交通可达性的要求，舟山等地区出现了边缘化的趋势。

表 6—7 2000—2012 年城市网络连接度的标准化残差值的变化

排名前 10 位的城市		排名后 10 位的城市	
城市名称	标准化残差值	城市名称	标准化残差值
启东市	2.393	温岭市	− 0.753
临安市	2.38	靖江市	− 0.789
慈溪市	2.357	德清县	− 0.795

排名前 10 位的城市		排名后 10 位的城市	
城市名称	标准化残差值	城市名称	标准化残差值
如东县	1.877	崇明县	-0.846
上虞市	1.597	舟山市区	-0.874
昆山市	1.221	泰兴市	-0.919
富阳市	1.144	安吉县	-1.039
扬中市	1.064	建德市	-1.273
宜兴市	1.045	临海市	-1.74
扬州市区	1.024	岱山县	-2.335
张家港市	0.921	玉环县	-2.552
桐乡市	0.912	嵊泗县	-2.918

　　整体来看，长三角地区基于生产性服务业的城市网络还是以等级网络为主，城市市区依然表现出网络节点的绝对集聚优势，但一些县级市开始在网络中承担起重要的联系作用。且相同层级之间的网络连通性不断增加，不再仅仅局限于从高等级到低等级的垂直联系，水平联系增强，基于生产性服务业的城市网络趋于不断完善。

（四）城市功能的演进过程

　　分别对 2000 年 11 个不同服务功能的网络连接度进行分析，可以发现一个最显著的特征就是 2000 年各个部门的网络关联的空间集中性比 2012 年更为明显，基本明显在 16 个地市的中心城市。因此，通过分析 2000 年和 2012 年各服务功能在长三角 16 个地市的分布情况，来考察不同城市生产性服务功能的演进（见表6—8、图6—14）。

表6—8　　　　　　2000 年分行业城市网络连接度

城市	银行	保险	证券	物流	通信	房地产	会计	法律	广告	设计	咨询
上海	1.00	1.00	1.00	1.00	1.00	1.00	1.00	1.00	1.00	1.00	1.00
杭州	0.97	0.93	0.53	0.53	0.91	0.43	0.91	0.73	0.60	0.63	0.87
南京	0.93	0.87	0.48	0.69	0.87	0.28	0.71	0.57	0.40	0.41	0.71

续表

城市	银行	保险	证券	物流	通信	房地产	会计	法律	广告	设计	咨询
苏州	0.92	0.62	0.21	0.40	0.54	0.28	0.75	0	0	0.12	0.87
宁波	0.90	0.45	0.32	0.67	0.63	0	0.74	0	0	0.13	0
无锡	0.73	0.70	0.14	0.35	0.42	0.17	0.68	0	0	0	0
绍兴	0.67	0.57	0.25	0.01	0.35	0	0.39	0	0	0	0
嘉兴	0.65	0.66	0.18	0.14	0.40	0	0.39	0	0	0	0
常州	0.64	0.63	0.24	0.04	0.42	0.17	0	0	0	0	0
泰州	0.64	0.45	0.15	0.01	0.35	0	0	0	0	0	0
南通	0.64	0.70	0.11	0.11	0.46	0.23	0	0	0	0	0
扬州	0.63	0.40	0.15	0.19	0.50	0	0.33	0	0	0	0
镇江	0.61	0.55	0.08	0.07	0.46	0	0	0	0	0	0
湖州	0.59	0.63	0.07	0.01	0.43	0	0	0	0	0	0
台州	0.57	0.56	0.16	0.02	0.44	0	0	0	0	0	0
舟山	0.55	0.60	0.07	0.05	0.54	0	0	0	0	0	0

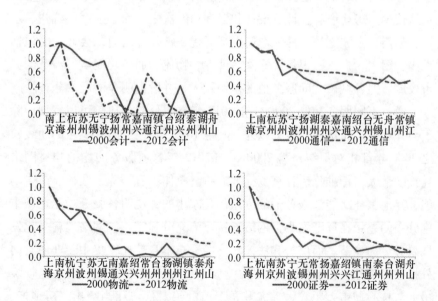

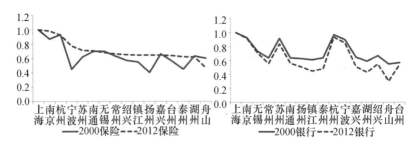

图 6—14　部分服务功能分布比较

注：上海、南京、苏州、无锡、常州、南通、扬州、镇江、泰州、杭州、宁波、嘉兴、湖州、绍兴、舟山、台州等均为城市市区概念。

从服务值的分布来看，最突出的法律和广告功能，除了上海、南京、杭州有分布之外，其他城市服务值均为零。一方面，源于这两个行业对于其他配套服务业的集聚要求较高；另一方面，排名靠前的服务公司大多是更大区域范围内的跨国或者连锁公司在长三角设立的分支机构，这些公司通常仅选择发展条件较好的一个或者几个城市，对网络的贡献较少。房地产、会计、设计和咨询功能次之，除了上海、杭州、南京、苏州、宁波之外，房地产还包括无锡、常州、南通，会计功能包括无锡、绍兴、嘉兴，银行、保险、证券、物流、通信功能虽然涉及的城市较广，但各城市之间服务值的差距较大，并没有明显的层次分布。

通过不同服务功能 2000 年和 2012 年空间分布的比较可以发现，除了会计功能分布选择性较大以外，其他 10 个服务功能 2012 年的曲线较之 2000 年都相对平缓，将 2000 年和 2012 年各项服务功能的相对网络连接度最大值标准化后计算其标准方差。整体来看，除了法律、广告功能，其他服务功能的服务值的方差都是减小的，说明各服务功能在城市中分布的差距在逐渐缩小，网络连接更为充分和完善，网络的扁平化发展趋势更为显著。而广告和法律功能的分布本身就比较集中，即使有向外扩散的现象，但相对于核心功能城市，其他城市的发展还是比较缓慢，与核心城市差距较大，尤其是上海的绝对优势相当突出。房地产、设计和咨询功能较之会计和法律功能分布更广，所涉及城市之间的层次分布比较明显，因此 2000 年和 2012 年的方差较之其他服务功能都比较大，但 2012 年较之 2000 年这种差距也在缩小。银行、保险、通信的方差较小，2000 年和 2012 年都低于 0.50，说明这三项服务功能本身网络就比较完善，且 2012 年这种扁平化还在加强。物流和证券功能是 11 项服务功能中变化最为显著的，随着服务功能的向外扩展，已经不再仅仅集中在少数几个核心城市，实现了在长三角的网络一体化布局。具体见表 6—9。

表 6—9　　　　　　　　　　　　分行业城市网络连接度

年份	银行	保险	证券	物流	通信	房地产	会计	法律	广告	设计	咨询
2000	0.42	0.27	0.62	0.88	0.38	0.66	1.34	0.86	0.79	0.79	1.43
2012	0.23	0.19	0.44	0.48	0.27	0.65	1.02	0.96	0.92	0.75	0.90

四　小结

借鉴当前西方相关的分析工具，深入分析了生产性服务业影响下的长三角城市网络体系格局特征和时空演化，进一步证实了生产性服务业的发展有利于加强城市之间的联系，对于城市网络的形成具有积极的促进作用。

一是基于生产性服务业的城市网络具有显著的层级特征，但层级之间的差距在逐渐缩小。通过对 76 个节点城市的分析发现，基于生产性服务业的城市网络具有显著的层级特征。这一结果与已有的基于传统行政等级的城市网络体系具有很大的相似性，但又表现出自身的特点。如昆山和常熟等城市承担了区域网络联系中心的作用，与已有的城市等级体系特征并不完全一致。这在某种程度上反映出基于生产性服务业的城市网络扩张，并不完全遵循已有的行政和规模等级体系，城市在网络中的地位受社会经济发展水平、信息技术条件、基础设施条件等多种因素的共同影响。从层级的变化来看，尽管上海、南京、杭州依然占据着区域网络联系的主导地位，但层级之间的差距在缩小，长三角的"水平联系"不断增强,整个区域正在形成一体化的发展网络。

二是基于生产性服务业的城市网络呈现出明显的位序关系,但传统的核心区域正在向外扩散,扁平化趋势加强。城市间的网络连接位序关系显著,三大核心节点城市(上海、南京、杭州)之间的生产性服务业网络形成了长三角地区城市间网络的最主要的联系。上海的网络指向性是最强的,涉及面也最广,但南京和杭州的影响不再仅仅局限于自身所在省份之内,网络化的发展趋势越发显著。但从城市网络的空间变化发现,核心区域开始由传统的上海、南京、杭州、宁波所围合的"Z"字形区域向北部的南通、扬州以及南部的绍兴等地区扩散。在"Z"字形范围内部,网络的节点不再仅仅局限于城市的市区范围,其所辖的县级市开始分担其在网络中的连通作用,如苏州的昆山、张家港,杭州的富阳等,"Z"字形区域外围的绍兴、扬州、嘉兴等城市的网络连通性在逐渐增强。由于生产性服务业对于交通可达性的要求,台州、舟山等地区出现了边缘化的趋势。基于生产性服务业的长三角城市网络具有扁平化和层级性共存的特征。

三是生产性服务业的功能分布特征差异明显,除了法律、广告功能,其他服务功能分布的差距在逐渐缩小,网络连接更为充分。根据不同功能的生产性服务业所形成的网络特征的不同,将11个部门分为三种类型,分别为完善型、扁平型、专业型。银行金融、保险、物流、通信IT功能所形成的网络层级现象突出,网络相对比较完善。房地产、证券的覆盖范围相对较广,所形成的城市网络的分层现象不明显,功能中心的分布也比较分散。会计、法律、广告、管理咨询、建筑设计服务功能所形成的网络功能中心分布比较集中,除了功能中心以外,其他节点城市的服务值都比较小,甚至为零。从服务功能的演进来看,2000—2012年间,除了法律、广告功能,其他服务功能网络连接度的方差都在减小,说明各服务功能在城市中分布的差距在逐渐缩小,网络连接更为充分和完善。

第七章

基于生产性服务业的长三角
城市网络形成的驱动机制

一 主要变量的分析

(一) 制造业发展情况

工业总产值

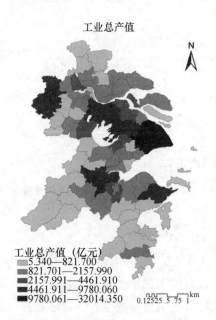

工业总产值（亿元）
- 5.340—821.700
- 821.701—2157.990
- 2157.991—4461.910
- 4461.911—9780.060
- 9780.061—32014.350

0.12525 5.75 1 km

图7—1　2012年长三角工业总产值空间分布

制造业部门对作为中间产品服务的需求，是服务业（尤其是生产性服务业）增长的一个重要因素。在制造业转型升级的过程中，每个环节都伴随着对服务产品的需求。由此可知，以制造企业的外置服务为服务对象的生产性服务企业可能选择作为需求者的制造企业的周边布局，即制造业的空间布局也会影响生产性服务企业的区位选择。具体见图7—1。

　　选取工业总产值作为制造业发展指标，选取综合网络连接度作为生产性服务业的考察指标。通过长三角人均工业总产值的空间分布发现，工业生产总值较高的县级市，如昆山、江阴、诸暨等生产性服务业的发展在县级单元中比较突出，说明制造业的发展确实能带动生产性服务业城市网络的发展。比较各地区网络综合连接度和工业总产值的相关性发现，两者之间存在明显的相关性，说明制造业的发展情况对于基于生产性服务业的网络具有重要的影响。同时也应该注意到生产性服务业内部分工的不同与制造业之间的关联度有一定的差异，那些直接服务于制造业劳动价值创造阶段的行业与制造业的依赖程度更高。具体见图7—2。

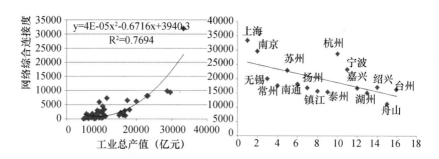

图7—2　2012年制造业发展与生产性服务业的关系

（二）地区人力和知识资本

　　生产性服务业属于人力资本和智力资本都比较密集的行业，因此要求其从业人员具有较高的文化素养和职业技术能力。城市在高素质人才上具有竞争优势，可以吸引更多的生产性服务企业，或者更高等级的服务企业。同时，高素质人才对于生活环境的舒适度、交通通信方式的便捷性以及创新氛围的营造都有更高的要求，反过来也会促进当地服务业的发展，进一步提升该地区吸引生产性服务企业的比较优势。从长期来看，对于该地区保持在城市网络中的地位有更为重要的意义。本书选取高校在校学生数作为潜在的人力资本，城市的教育资源状况直接决定城市未来的发展层级。知识资本则选取专利授权数。通过分析发现，二者与网络的连接度之间存在着显著的正相关，可见，人力资本和知识资本对于提高城市在基于生产性服务业城市网络地位中的重要作用。具体见图7—3、图7—4。

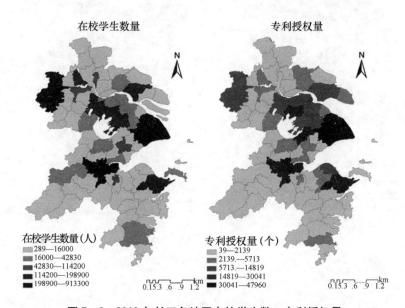

图7—3 2012年长三角地区在校学生数、专利授权量

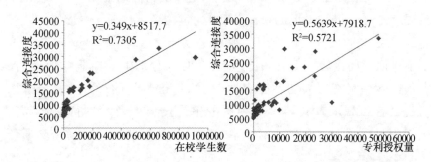

图7—4 2012年长三角地区在校学生数、专利授权量与网络连接度相关关系

（三）交流便捷指数

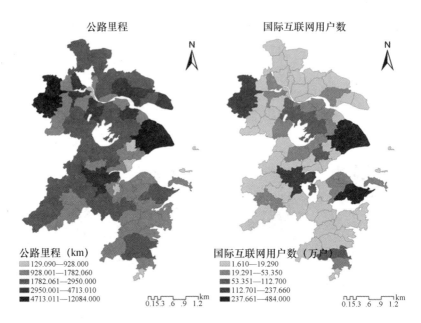

图7—5　2012年长三角地区公路里程、
互联网用户数对比

生产性服务业的生产和消费具有同时性的特征，要求生产性服务业的生产者和消费者在服务产品的交易过程中面对面地交流。不像传统的编码信息（codified information）可以通过文字、数据、图形等方式传达，个人所拥有的经验、行为、技能等默会信息（tacit information）只能通过面对面接触和交流来传达。[①] 同时，对于生产性服务业而言，其实际效用具有很大的不确定性，"事后检验"的产业特征要求服务提供者和需求者共同参与到服务生产过程中及时进行交流和沟通。为了减小面对面交流的成本，信息和技术获得的通畅和交通便

---

① Muller E., Zenker A., "Business Services as Actors of Knowledge Transformation：The Role of KIBS in Regional and National Innovation System", *Research Policy*, Vol. 30, No. 9, 2001, pp. 1501 – 1516.

利成为影响生产性服务企业选择进入或者退出城市的关键要素。选取公路网里程数作为考察长三角76个研究单元之间的交通可达性的指标，同时选取国际互联网用户数作为信息化水平指数。通过分析发现，它们和综合网络连接度之间都具有很大的正相关性。具体见图7—5、图7—6。

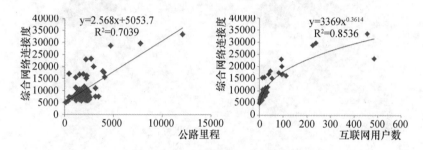

图7—6　2012年长三角地区公路里程、
互联网用户数与网络连接度相关关系

（四）全球化指数

生产性服务业本身就是全球化背景下分工深化和产业链升级的重要体现，因此一个城市的全球化水平直接影响到该城市在城市网络中的地位变化。企业在国际化过程中会采取"跟随战略"（Follow-the-leader），追随目标客户和行业内的领头企业布局。Keeble等认为许多生产性服务企业，尤其是一些大型企业在进行全球化经营，这些企业一旦能够位于一个国际化都市中的知识密集型服务业集聚区，就会获得发展全球化联系的额外优势。① 选取实际利用外资（FDI）和地区的进出口总额作为全球化指标，发现网络综合连接度与FDI和地区进出口总额均存在显著的正相关，具体见图7—7、图7—8。

---

① Keeble D., Nacham L., "Why Do Busines Service Firms Cluster? Small Consultancies, Clustering and Decentralization in London and Southern England", *Transaction of the Institute of British Geographers*, Vol. 27, No. 1, 2002.

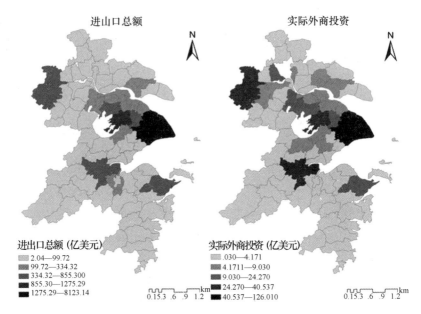

图7—7　2012年长三角地区实际利用外资、进出口总额对比

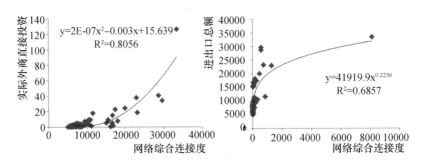

图7—8　2012年外商直接投资、进出口总额与网络综合连接度关系

（五）人口规模指数

人口规模的集聚不仅体现了城市化发展水平，更能促进城市消费规模扩大和劳动力供给能力提高。随着城市化进程的加快发展带来的规模效应和集聚效应，将有力地促进生活和生产性服务业的规模扩展。城市化是影响服务业发展的重要因素，一般来说，城市规模越大，其产生的市场需求也就越大，市场越趋于完善，越容易达到服务业形成与发展的

门槛规模。同时，随着人口规模的集聚，城市的基础设施，包括科技、信息行业基础建设都不断地完善，为生产性服务业的发展提供了条件。

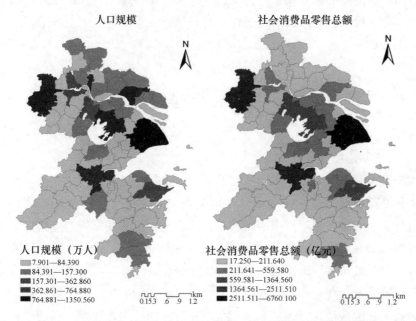

图7—9　2012年长三角地区人口规模、社会消费品零售总额对比

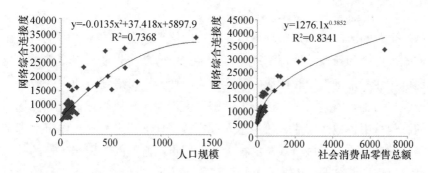

图7—10　2012年长三角地区人口规模、社会消费品零售总额综合连接度关系

选取年末户籍人口数来反映人口规模指数，从人口规模分布来看，表现为中心城市高于外围城市，尤其是上海、南京、杭州、苏州、无锡和宁波的人口集聚规模最为显著，像常熟、诸暨、余姚等县级地区也表

现出一定的人口集聚优势。用社会消费品零售总额来表示地区的市场规模经济，可以发现中心城区的优势更为突出。通过三个指标与各地区综合网络连接度的相关关系分析发现，相关性均较高，也就是说规模集聚经济对于提高城市的网络连通性具有显著的推动作用，具体见图7—9、图7—10。

二　多元线性回归分析

（一）指标选择

企业网络的变化是影响城市网络空间变化的直接因素，如企业网络扩大必将引起相应城市网络联系度的增强。通过与城市网络的耦合分析，企业网络作用于城市网络最直接的表现为生产性服务企业选择进入或者退出某城市，包括所在城市分支机构等级、分支机构规模的变化等，导致城市在城市网络中的地位发生变化。因此，本书选择城市综合网络连接度的变化作为因变量，在自变量的指标选择上，主要从基于一般服务业的区位选择因素和基于生产性服务业的内在属性因素两个方面来考虑。

1. 一般企业区位选择角度

企业的区位选择是影响城市在城市网络地位变化的主要因素。基于传统区位论和新经济地理学理论，主要选取劳动密集度、集聚规模、交通可达性、市场潜力和产业关联度作为因变量。考虑到劳动力资源是生产成本的主要因素之一，选取劳动密集度作为比较优势对企业区位选择的影响，用各地区就业人数占总人口比重（LAB）来表示。城市地理和经济学者普遍认为城市规模的扩大会对城市中产业的集聚产生正的外部性，生产性服务业投资具有低边际成本，规模经济起重要作用，因此更倾向于较大市场规模的地区。[①] 因此，选取常住人口规模来表示市场规模指数（SCAL）。交通可达性用公路里程数（TRAN）来表示，公路里

---

① C. M. Buch，A. Lipponer，"Clustering or Competition? The Foreign Investment Behaviour of German Banks"，*Discussion Paper*，Vol. 2，No. 2，2004.

程数越大，表明城市的对外连通性越发达。市场潜力越高，意味着城市的发展潜力越好，选取社会消费品零售总额代表市场潜力大小（MAR-KET）。产业价值链上各个环节的整合，可以促使产业价值链上各个环节的生产服务效率达到最优，还能够优化整个产业价值链的生产服务效率。因此，这里使用各部门网络连接度占该区域综合网络连接度的比重来表示产业间的关联效应（LINK）。

2. 基于生产性服务业的行业属性

基于生产性服务业自身的行业属性，选取的指标包括制造业基础、人力资本、创新要素、信息技术、经济开放度。生产性服务业的发展过程实质上也是制造业中的生产性服务日益外部化和专业化的过程，因此，生产性服务业的发展与制造业具有内在的联系，选取工业总产值（MANU）作为制造业发展指数。作为知识和资本密集型行业，生产性服务业对于劳动力的需求主要集中在拥有专业技能和专业知识的服务业人才，这里用高校在校学生数来表示区域潜在的人力资本优势（HU-MAN）。同时，创新是生产性服务业发展的巨大动力，选取专利授权数作为城市的创新要素（INNOV）。生产性服务业的发展尤其需要发达的信息通信基础设施来支撑，选取国际互联网用户数作为信息化水平指数（INT）。生产性服务业作为全球性经济发展的趋势，与城市的对外开放程度有重要的关系，选取外商直接投资（FDI）来表示。

3. 城市能级

城市能级是城市功能能级和规模等级的总称。在中国特有的行政体制环境中，随着行政放权和分税财政，使得拥有较大资源配置权的地方政府成为追求经济利益最大化的政治组织。即城市行政级别越高，支配财政的权力越大，辐射带动能力越强，对人才的吸引也会越大，其能级也越高。生产性服务业作为城市主要的服务功能的体现，受城市的行政级别的这种循环累积效应的影响也会越发显著。为此，引入城市能级要素来表示城市中心或者区域中心对于生产性服务的影响。在长三角范围内，直辖市赋值为5，省会城市赋值为4，地级市赋值3，县级市赋值为2，县赋值为1。

表7—1	基于主要基础理论的变量选取		
理论基础	主要要素	编码	预期
基于企业区位选择	劳动力资源（LAB）	X_1	+
	市场规模（SCAL）	X_2	+
	交通可达性（TRAN）	X_3	+
	市场潜力（MARKET）	X_4	+
	产业关联度（LINK）	X_5	+
基于生产性服务业行业属性	制造业基础（MANU）	X_6	+
	人力资本（HUMAN）	X_7	+
	创新要素（INNOV）	X_8	+
	信息技术（INT）	X_9	+
	经济开放度（FDI）	X_{10}	+
城市能级指标	城市能级（LEVEL）	X_{11}	+

（二）回归分析

1. 回归模型构建

经典回归模型中，自变量和因变量之间都没有空间特性，其分析结果不随空间位置的不同而发生变化。但是城市网络的演变以及影响变化的因素多数具有区位选择的空间特性，并呈现一定的自相关性，这种空间自相关关系打破了传统统计分析中的基本假设。使用经典回归模型就难以取得满意的结果，甚至可能出现错误的分析结果。同时，城市网络的动态演变还有可能受到已有网络的影响，即生产性服务业的集聚效应对网络的演变具有重要作用。基于此，本书采用空间滞后回归模型来研究空间变量间的关系。

一般公式为：

$$Y = \alpha_0 = \delta_1 T_{t-1} + \beta_1 X_1 + \varepsilon_i \tag{7—1}$$

其中，Y为因变量，T_{t-1}为滞后变量，α_0表示常数项，δ_1、β_1为回归系数，ε_i表示残差。

具体到本书中，公式为：

$$Y_t - Y_{t-1} = \alpha_0 + \delta_1 T_{t-1} + \beta_1 X_1 + \beta_2 X_2 + \beta_3 X_3 + \beta_4 X_4 + \beta_5 X_5 + \beta_6 X_6 +$$

$$\beta_7 X_7 + \beta_8 X_8 + \beta_9 X_9 + \beta_{10} X_{10} + \beta_{11} X_{11} + \varepsilon_i \tag{7—2}$$

将上述概念具体化，即为：

$$\ln(Y_t - Y_{t-1}) = \alpha_0 + \delta_1 \ln(T_{t-1}) + \beta_1 \ln(X_1) + \beta_2 \ln(X_2) + \beta_3 \ln(X_3) + \beta_4 \ln(X_4) + \beta_5 \ln(X_5) + \beta_6 \ln(X_6) + \beta_7 \ln(X_7) + \beta_8 \ln(X_8) + \beta_9 \ln(X_9) + \beta_{10} \ln(X_{10}) + \beta_{11} \ln(X_{11}) + \varepsilon_i \tag{7—3}$$

式中，Y_t 为 2012 年城市的综合服务网络名次，Y_{t-1} 为 2000 年城市综合服务网络名次，α_0 表示常数项，T_{t-1} 为 2000 年城市的综合网络连接度，δ_1、$\beta_1 \cdots \beta_{11}$ 为回归系数，ε_i 表示残差。

同时，各种因素对于生产性服务业内部各行业的影响存在差异，因此建立以下公式进行分析：

$$\ln(Y_{t,a} - Y_{t-1,a}) = \alpha_0 + \delta_1 \ln(T_{t-1,a}) + \beta_1 \ln(X_1) + \beta_2 \ln(X_2) + \beta_3 \ln(X_3) + \beta_4 \ln(X_4) + \beta_5 \ln(X_5) + \beta_6 \ln(X_6) + \beta_7 \ln(X_7) + \beta_8 \ln(X_8) + \beta_9 \ln(X_9) + \beta_{10} \ln(X_{10}) + \beta_{11} \ln(X_{11}) + \varepsilon_i \tag{7—4}$$

式中，$Y_{t,a}$ 为 2012 年城市某一行业的综合网络连接度的名次，$Y_{t-1,a}$ 为 2000 年城市该行业的综合网络连接度的名次，$T_{t-1,a}$ 是 2000 年该服务行业的网络连接度，作为滞后变量，δ_1、$\beta_1 \cdots \beta_{11}$ 均为回归系数，ε_i 表示残差。

2. 计算结果及分析

将数据带入上述具体化的空间滞后回归模型，选取 2012 年的要素数据，运用 GeoDa. 0. 95 - i 软件进行空间回归分析后发现，大部分的要素能够很好地解释长三角地区基于生产性服务业的城市网络的演变格局。

表7—2　　　长三角基于生产性服务业城市网络演变的回归结果

变量	回归系数	标准误差	Z 值
常数项	13. 24741	5. 72442	2. 314193
LAB	− 0. 1142	0. 0708193	− 1. 613484
SCAL	0. 0205	0. 01368738	1. 49964
TRAN	0. 0007	0. 001326015	0. 5285287
MARKET	0. 0394	0. 01505748	2. 621533

续表

变量	回归系数	标准误差	Z 值
LINK	0.1197***	0.19150	6.255196
MANU	0.00137**	0.001614441	0.8541699
HUMAN	0.7032*	0.00814	-3.069998
INNOV	0.00041	0.0003418	-1.227096
INT	0.05207*	0.03317358	-1.569831
FDI	0.8515**	0.5401876	-1.576439
LEVEL	0.09019	2.480709	3.635808
2000NC	0.02335***	0.003376508	-6.916777

注:***表示0.001显著,**表示0.01显著,*表示0.05显著。

根据表7—2的结果,可以发现,影响基于生产性服务业城市网络演变的因素中,最为显著的是产业关联度、人力资本、城市能级以及2000年的城市网络连接度,且对于生产性服务业网络的影响均呈现正相关。产业关联度的影响比较明显,而市场规模和市场潜力的效应并不突出,说明生产性服务业选择进入城市时更倾向于相关产业集聚的地区,同时,2000年的城市网络连接度,即原有城市的网络连接度对于新的企业选择进入或者退出某城市也表现出了较大的影响。其次是人力资本的影响也较为显著,而劳动力资源的影响并不突出,说明生产性服务业的发展对于一般劳动力的依赖性并不强,而主要是对具有创新和智力型的人力资本的需求较大。再次,外商投资、制造业发展基础和互联网发展情况也表现出了显著的正相关,外资和互联网的发展是城市融入全球化程度的重要表征,即城市在全球化中的地位越高,其生产性服务业的对外服务功能也越强。通过研究发现,城市能级对于生产性服务业城市网络演变的影响并不十分显著,即城市的对外辐射能力对于基于生产性服务业城市网络固然很重要,但由于受多种因素的共同影响,原来城市能级低的城市也有可能在网络中担任比较重要的角色。

下面从各要素对不同行业所形成的城市网络产生影响的角度展开分析讨论(见表7—3)。

表7—3　　影响长三角不同行业城市网络演变的回归结果

变量	银行	保险	证券	物流	IT	房地产	合计	法律	广告	咨询	设计
常数项	3.023	-10.15**	-6.34	-6.411	3.560	-7.14	-12.57	-10.81	7.245	2.34	-6.09
LAB	0.052	-0.196	-0.285	0.022**	0.0465	0.050	0.462	-0.028*	0.047	0.0634	0.0812
SCAL	0.201	0.241	0.036	0.0381*	0.0573	0.323**	0.0481	0.0501	0.023	0.0501	0.0348
TRAN	0.037	0.0805	0.015	0.013**	0.254*	0.540*	0.0405	-0.065	0.0060*	0.1021	0.0131*
MARKET	0.026	-0.275	0.177	-0.029	0.713	0.202**	0.0307	0.0409	0.0409	0.0134	0.1401
LINK	0.919**	0.062**	0.069**	-0.846	-0.101	0.107*	0.014*	0.1003*	0.0203*	0.0521*	0.0302
MANU	0.036	0.472	0.613	0.024**	-0.0336	-0.011*	0.2169	0.0073	-0.0373	-0.076	0.0022
HUMAN	0.483	0.069	0.089	0.046	0.705*	0.254	0.028*	0.0170	0.0170**	0.131***	0.0012***
INNOV	0.179***	0.129***	0.013***	0.0873	0.563**	0.076	0.0790*	0.0013	0.0210**	0.0501*	0.0501*
INT	0.094**	0.016**	0.097*	0.0623	0.926**	0.0050	0.0821*	0.0423*	0.0003	0.035	0.107*
FDI	0.026*	0.209**	0.461*	0.0156	0.154	0.0289	0.0429	0.216	0.0134**	0.0412*	0.041
LEVEL	0.186**	0.061**	0.201*	0.072	0.514	-0.029	0.0061*	0.0316*	0.0320**	0.0523**	0.023*
2000NC	0.0001	0.0005	0.0201	0.0312	0.0112	0.0021	0.0110	0.0010	0.0024**	0.005*	0.010

注：***表示0.001显著，**表示0.01显著，*表示0.05显著。

　　银行金融、保险和证券的影响因素类似，产业的关联度、城市的创新要素、城市的对外开放程度和城市能级的影响明显。产业关联度对于城市的综合网络连接度产生正相关影响，说明相关产业的集聚对于金融服务功能企业的选择具有重要意义。以外资作为主要经济拉动力的长三角地区，对外经济开放程度仍然是金融功能服务企业选择进入或者退出城市的影响因素。同时，城市创新要素的影响表现出明显的正相关，而人力资本并没有特别显著的影响。一方面，可能由于长三角的人才流动相对便捷，另一方面，源于金融服务功能内部的人才流动机制较为完善，因此对于本地人才的需求并不突出。同时，也发现不同的城市能级会引起金融服务功能企业布局的变化，一般行政级别越高的城市，其金融服务企业的规模也越大，外向度越高，即中心城市对于金融服务功能企业的吸引更明显。

　　作为传统的生产性服务行业，物流服务行业对于人力资源和创新要素的要求并不是特别明显，主要的影响因素包括交通便捷度、劳动力资源和制造业发展情况。物流服务功能的企业因其生产流程中的装卸、运输、仓储等环节对交通的依赖大，节省运输成本成为区位选择首要考虑的因素。同时，较大的市场需求和劳动力供给也是其运营的关键，因此劳动力资源和制造业发展水平的影响比较突出。

　　计算机服务功能对于智力人才、创新要素和信息的可获得性要求较高。人才和信息的集聚有助于形成良好的创新氛围，频繁的交流有利于刺激思想的产生，更有助于更大规模的集聚，从而形成创新环境。

　　对于房地产服务功能，其突出的影响因素包括市场规模和市场潜力以及相关产业的集聚，以便于企业内部成员之间面对面地接触，从而进行业务合作和信息交流，与制造业的发展呈现明显的负相关。

　　会计、法律、广告和管理咨询服务功能的集聚态势最为明显。从影响因素来看，人力资本、创新要素、信息技术以及城市能级的影响较为突出。同时，对于广告和咨询服务功能，外资的带动和原有企业的集聚也很重要。为了降低交易成本，它们希望快速地获取信息和交流信息，同时共享专业技术人才。因此，该服务功能企业受所在城市的人力资本、创新要素和信息技术的影响较大，尤其是对了解本地文化、能与当地部门进行面对面交流和沟通的专业人才有一定需求。同时，城市能级也是影响公司总部区位选择的重要依据，因此，该服务功能高度集聚于上海、南京、杭州等直辖市和省会城市也可以得以解释。

对于建筑设计服务功能，人力资本、创新要素、交通便捷度的影响较为突出，也可以看出建筑设计服务功能对于创新型的专业技术人才的要求较高，尤其是可以服务于本地的专业人才。同时，信息的获得性和交通便捷度也有益于创新环境的营造。

三　小结

通过对影响基于生产性服务业城市网络格局演变的不同要素的分析，以及不同服务功能影响要素的回归分析，可以发现，生产性服务业行业因其内在特殊的行业属性，其影响机制也表现出自身的特征。

人力资本和创新要素的影响最为突出，而传统的影响因素，劳动力资源因素对于基于生产性服务业的城市网络演变的影响并不突出。金融服务功能因其内部的人才流动机制较为完善，对当地人力资本的要求并不特别明显，主要是创新要素的集聚。而法律、会计、广告、咨询服务功能，对于当地专业技术人才的需求较大。

其次是信息技术的可获得性以及外资的带动。随着长三角地区不断融入全球生产体系，跨国公司通过本地化战略，开始建立区域性生产网络，进一步促进了地方化和全球化的相互交融。

产业关联和原有产业的集聚对于基于生产性服务业城市网络演变的影响也比较明显。相对于原有产业的集聚，企业更趋于选择相关产业集聚较多的地区。一方面，促进了相关企业之间的交流与合作；另一方面，也可以避免同行业之间的竞争。

市场规模和市场潜力的影响，主要表现于房地产服务功能。而交通因素的影响最为显著的是物流服务功能。

城市能级对于银行金融服务、广告、咨询等服务功能的影响较大。城市的能级一方面反映了城市的对外辐射能力，另一方面也反映了当地政府作为管理者、投资者和经营者的"多重身份"对于生产性服务企业的进入或者退出的影响。每个城市的沿海开放开发政策、投资场所建设、基础设施改善、科技产业扶持、创新制度环境以及对于生产性服务业的管制制度的不同，均会影响到企业的区位选择。因此，在多种因素的共同影响下，原来城市能级低的城市也有可能在网络中担任比较重要的角色。

第八章

研究结论与展望

本书综合了中心地理论、中心流理论、流动空间理论、全球城市理论等城市网络相关理论与方法，以及生产性服务企业的区位选择、生产性服务业对城市关系的影响等理论与研究，通过生产性服务业与城市网络的内在耦合分析发现，生产性服务业集聚与城市等级的密切关联性是生产性服务业视角下城市网络构建的重要基础，网络构建的作用力包括生产性服务业的行业属性、企业的内部因素和企业所处的城市环境因素。通过对网络构建模型、网络特征和网络动态演化的综述可以发现，生产性服务业的布局对于解释全球化和信息化影响下的中国城市网络是适用的，但国内的研究多集中于方法的引介，对于内在机制和演化机理的关注较少。随着全球产业分工细化，中国不再仅仅承担制造业功能，生产性服务业开始大规模集聚，国内生产性服务业视角下城市网络的系统研究刚刚起步，亟待加强。

基于此，本书借鉴西方有关的研究工具，以长江三角洲16个地市76个空间单元作为研究对象，从城市网络的层级特征、网络模式、功能特征三个方面分析了长江三角洲地区基于生产性服务业的城市网络发展特征，并从生产性服务业内在的行业属性、企业的区位选择等方面就影响网络演化的因素进行了定量分析。

一 主要研究结论

通过以上研究，本书主要得出了以下几个方面的结论。

（1）从生产性服务业特有的行业属性出发，甄别影响企业区位选择的因素，同时对企业内部的管理模式和组织结构进行剖析，寻找影响城市网络形成和演化的内在机理，最终从行业、企业和城市三个层面建立生产性服务企业和城市网络之间的耦合关系。随着全球化影响的深入，产业分工的细化和信息技术的进步，生产性服务业的行业属性、企业的内部因素和企业所处的城市环境因素共同影响着城市网络的结构特征（节点层级、网络连接度、网络所承载的功能）。若这三个要素产生正效应，则生产性服务企业选择进入该城市，城市的服务功能提升，网络连接度增大，节点层级性提高，城市网络整体的连通性增强，进一步强化网络。反之，如果这三个要素发挥的是消极作用，则生产性服务企业选择退出该城市，该节点城市的服务功能减弱，在城市网络中的网络连接度减小，节点层级性降低，导致城市网络整体的连通性减弱，城市网络弱化。同时，在区域发展阶段和生产性服务业发展的相关理论的基础上，将基于生产性服务业的城市网络演化初步归纳为四个阶段，进一步分析了不同阶段生产性服务业的发展和空间扩张对于城市原有基于地理空间的行政等级体系的影响。

（2）通过对长三角生产性服务业的发展态势分析发现，长三角生产性服务业整体水平提升的同时，行业内部结构也在不断优化，且长三角生产性服务业的发展水平与国民经济的发展水平密切相关。基于就业人口的长三角16个地市的空间分析来看，整体格局变化不大，上海的生产性服务业发展较早，且一直遥遥领先。南京、杭州居于第二等级，出现了后进城市不断赶超、领头城市也在不断加快发展的趋势。从长三角生产性服务企业的空间分布来看，长三角北翼沿沪宁线的集聚态势更为显著。不同类型生产性服务企业的空间分布特征存在着显著差异，广告、管理咨询、会计、律师事务所的地域分布范围相对较小，而保险公司、银行分支机构的地域分布较为广阔，这些特征也体现出不同行业跨地域布局生产性服务企业的区位战略。

（3）从网络的关联模式来看，基于生产性服务业的长三角城市网络具有显著的层级特征，这一结果与已有的城市等级体系特征并不完全一致，如昆山和常熟等县级城市承担了区域网络联系中心的作用，同时层级之间的差距在逐渐缩小。网络的连接范围正在从传统的"Z"字形区域向外扩散，在"Z"字形范围内部，网络的节点不再仅仅局限于城市的市区范围，其所辖的县级市开始分担其在网络中的连通作用，如苏州的昆山、张家港，杭州的富阳等，周边的绍兴、扬州、嘉兴等城市的网络连通性在逐渐增强，网络的扁平化趋势加强。由于生产性服务业对于交通可达性的要求，台州、舟山等地区出现了边缘化的趋势。基于生产性服务业的长三角城市网络具有扁平化和层级性共存的特征。根据不同功能的生产性服务业所形成的网络特征的不同，将 11 个部门分为完善型、扁平型、专业型三种类型。从服务功能的演进来看，2000—2012年间，除了法律、广告功能，其他服务功能网络连接度的方差都在减小，说明各服务功能在城市中分布的差距在逐渐缩小，网络的扁平化发展趋势更为显著。

（4）在城市网络模型中，城市之间的联系表现为垂直联系和水平联系并存，城市的等级变化表现为网络节点地位的提高、巩固或者降低。一方面，城市区位条件、技术设施、政策环境等方面的改变，会影响生产性服务企业在该城市的区位选择；另一方面，随着生产性服务企业国际化扩张的深化，其空间行为也在不断变化，为了更加适合公司业务全球布局发展的需要，通过不断兼并、重组等方式改变企业的组织结构，反过来也会对城市在网络体系中的地位产生相应的影响。从行业内部属性和企业区位选择的视角建立指标体系，并选择网络连接度的变化作为因变量，对影响基于生产性服务业城市网络演变的影响因素进行分析发现，产业关联度、人力资本、城市能级以及原来的城市网络连接度是影响基于生产性服务业城市网络演变的重要因素，且对于生产性服务业网络的影响均呈现正相关。这充分说明了相关产业的集聚效应和原有网络连接基础对于城市网络演化的重要作用。同时，作为人才和知识密集型的服务业类型，生产性服务业的集聚对于创新和智力型的人力资本的需求较大。

二　展望

（1）如何引导更多的城市融入全球城市网络还有待深入研究。长三角目前仍然处于外资推动型增长的阶段，即主要通过外资的单向流入及大规模的贸易活动参与到全球化进程。一方面，强化了城市发展对外来资金、技术等要素以及国际市场和外部信息网络的过度依赖；另一方面，外资的单向流入对于区域的选择性较强。如何通过提高自身的竞争力，利用全球地方化的机会较快地融入更大的全球城市网络，是每个城市未来努力的方向。其中最为重要的就是，借助日益延伸到我国的全球商品链，吸引跨国公司的地区总部、研发中心、金融机构等价值链高端的生产性服务公司入驻，这些公司本身就具有全球性的服务网络，因此也会带来大量的人流、物流、资本流和信息流。当要素集聚到一定程度，自然会带动城市新的服务功能的兴起，形成企业网络和城市网络发展的正向累积效应。

（2）网络未来的发展方向有待探讨。虽然越来越多的城市参与到城市网络中来，但不难发现，基于生产性服务业的城市网络中，上海仍然处于绝对优势的位置。随着一体化基础设施的完善和信息技术的发展，国家及地方对生产性服务业的认识逐步加深并日益重视，必将促进更多的城市节点融入网络中来。网络未来发展的趋势如何，这种扁平化的趋势是更加扩散，还是依然受"路径依赖"的影响，表现为强者愈强，或是通过网络的择优选择原则，呈现个别城市分散化的崛起，都是值得探讨的。但在网络研究中如何对未来网络演化进行预测，以及对构建什么样的模型进行预测，这也是网络研究的重大难点之一。

参考文献

1. Adhvaryu B. , "Analysing Evolution of Urban Spatial Structure: A Case Study of Ahmedabad, India", *Environment and Planning B: Planning and Design*, Vol. 38, No. 5, 2011.

2. Alderson A. S. , et al. , "Intercity Relations and Globalization: The Evolution of the Global Urban Hierarchy, 1981 – 2007", *Urban Studies*, Vol. 47, No. 9, 2010.

3. Alderson A. S. , Beckfield J. , "Power and Position in the World City System", *American Journal of Sociology*, Vol. 109, No. 4, 2004.

4. Anita Kon, *Service Industry and Service Economy*, Textos Para Discussão, 1996.

5. Bally A. S. , "Producer Services Research in Europe", *Professional Geography*, Vol. 29, No. 1, 1995.

6. Batten D. F. , "Network Cities: Creative Rban Agglomerations for the 21st Century", *Urban Studies*, Vol. 32, No. 2, 1995.

7. Batten D. F. , "Network Cities Versus Central Place Cities: Building a Cosmocreative Constellation", In: Anderson A E. et al. , *The Cosmocreative Society*, Heidelberg: Springer, 1993.

8. Barabasi A. L. , Albert R. , "Emergence of Scaling in Random Networks", *Science*, Vol. 286, No. 15, 1999.

9. Batty M. , "Urban Information Networks: The Evolution and Planning of Computer Communications Infrastructure", In: John Brotchie, Michael Batty, Peter Hall et al. *Cities of the 21st Century New Technologies and Spatial System*, Boulder, Colorado: Longman Cheshire, 1991.

10. Batty M. , "Virtual Geography", *Futures*, Vol. 29, No. 4/5, 1997.

11. Bayson J. R. , "Business Service Firms, Service Space and the Manage-
ment of Change", *Entrepreneurship and Regional Development*, Vol. 9,
No. 2, 1997.

12. Beaverstock J. V. , Taylor R. J. , Smith R. G. , "A Roster of World Cit-
ies", *Cities*, Vol. 16, No. 6, 1999.

13. Beaverstock J. V. , et al. , "World-city Network: A New Metageogra-
phy?", *Annals of the Association of American Geographers*, Vol. 90,
No. 1, 2000.

14. Beaverstock J. V. , Doel M. A. , Hubbard P. J. , et al. , "Attending to
the World: Competition, Cooperation and Connectivity in the World City
Network", *Global Networks*, Vol. 2, No. 2, 2002.

15. Berry, Brian J. L. , "Cities as Systems within Systems of Cities", *Papers
of Regional Science Association*, Vol. 13, 1964.

16. Beyers W. B. , "The Producer Services and Economic Development in the
United States: The Last Decade", *Economic Development Administra-
tion*, 1989.

17. Beyers W. B. , "Producer Services", *Progress in Human Geography*,
Vol. 17, No. 2, 1993.

18. Browning C. , Singelman J. , *The Emergence of A Service Society: Demo-
graphic and Sociological Aspects of the Sectoral Transformation of the Labor
Force in the U. S. A*, Population Research Center, University of Texas at
Austin, 1975.

19. Burger M. J. , *Structure and Cooptition in Urban Networks*, Rotterdam
Erasmus Research Institute of Management, 2011.

20. Camagni R. , Salone C. , "Network Urban Structures in Northern Italy:
Elements for a Theoretical Framework", *Urban Studies*, Vol. 30, No. 6,
1993.

21. Camagni R. , Diappi L. , Stabilini S. , "City Networks in the Lombardy
Region: An Analysis in Terms of Communication Flows", *FLUX*,
No. 35, 1994.

22. Camagni R. , Capello R. , "The City Network Paradigm: Theory and

Empirical Evidence", In: R. Capello, P Nijkamp, eds, *Urban Dynamics and Growth*, Netherlands: Elsevier B. V. , 2004.

23. Castells M. , *The Informational City: Information Technology, Economic Restructuring and the Urban-Regional Process*, Oxford: Blackwell, 1989.

24. Castells M. , *The Rise of the Network Society*, Cambridge. MA: Blackwell Publishers, 1996.

25. Castells M. , "Globalisation, Networking, Urbanisation: Reflections on the Spatial Dynamics of the Information Age", *Urban Studies*, Vol. 47, No. 13, 2010.

26. Chris J. B. , " Cities in Competition", *Urban Studies*, Vol. 36, No. 5 – 6, 1999.

27. Coffey W. J. , "Producer Services in Canada", *Professional Geographer*, No. 1, 1995.

28. Coffey W. J. , Drolet R. , Polèse M. , "The Intrametropolitan Location of High Order Services: Patterns, Factors and Mobility in Montreal", *Papers in Regional Science*, Vol. 75, No. 6, 1996.

29. Cohen R. B. , "The New International Division of Labor, Multinational Corporations and Urban Hierarchy", In: Michael, ALLEN J. , Scott. , *Urbanization and Urban Planning in Capitalist Society*, London: Methuen, 1981.

30. Connor K. , Hutton T. A. , "Producer Services in the Asia Pacific Region: An Overview of Research Issue", *Asia Pacific View Point*, Vol. 39, No. 2, 1998.

31. Daniels P. W. , "Foreign Banks and Metropolitan Development: A Comparison of London and New York", *Tijdschrift voor Economische en Sociale Geografie*, No. 77, 1986.

32. Daniels P. W. , Moulaert F. , *The Changing Geography of Advanced Producer Services: Theoretical and Empirical Perspectives*, London and New York: Belhaven Press, 1991.

33. Daniels P. W. , Dinteren J. H. J. , Monnoyor M. C. , "Consultancy Serv-

ices and the Urban Hierarchy in Western Europe", *Environment and Planning A*, No. 24, 1992.

34. Daniels P. W. , Ho K. C. , Hutton T. A. , *Service Industries and Asia-Pacific Cities: New Development Trajectories*, London: Routledge (Taylor & Francis Group), 2005.

35. Derudder B. , Witlox F. , "An Appraisal of the Use of Airline Data in Assessing the World City Network: A Research Note on Data", *Urban Studies*, Vol. 42, No. 13, 2005.

36. Derudder B. , "On Conceptual Confusion in Empirical Analyses of a Transnational Urban Network", *Urban Studies*, Vol. 43, No. 11, 2006.

37. Derudder B. , et al. , "Pathways of Change: Shifting Connectivities in the World City Network, 2000 – 2008", *Urban Studies*, Vol. 47, No. 9, 2010.

38. Derudder B. , Taylor P. J. , et al. "Hierarchical Tendencies and Tegional Patterns in the World City Network: A Global Urban Analysis of 234 Cities", *Regional Studies*, Vol. 37, No. 9, 2003.

39. Eamonn D. A. , Georffrey Keogh, "The Property Market and Urban Competitiveness", *Urban Studies*, Vol. 36, No. 5, 1999.

40. Frank van Oort, Martijn Burger, Otto Raspe, "On the Economic Foundation of the Urban Network Paradigm: spatial Integration, Functional Integration and Economic Complementarities within the Dutch Randstad", *Urban Studies*, Vol. 47, No. 4, 2009.

41. Friedmann J. , "The World City Hypothesis", *Development and Change*, No. 17, 1986.

42. Friedmann J. , Wolff G. , "World City Formation: An Agenda for Research and Action", *International Journal of Urban and Regional Research*, No. 3, 1982.

43. Gillespie A. E. , Green A. E. , "The Changing Geography of Producer Services Employment in Britain", *Regional Studies*, Vol. 21, No. 5, 1987.

44. Goetz A. R. , "Air Passenger Transportation and Growth in the US Urban System 1950 – 1987", *Growth and Change*, No. 23, 1992.

45. Greenfield H. L. , *Manpower and the Growth of Producer Services*, New York: Columbia University Press, 1966.

46. Hansen N. , "Do Producer Services Induce Regional Development?", *Journal of Regional Science*, Vol. 30, No. 4, 1990.

47. Hall P. , *The World Cities*, London: Weidenfield and Nicolson, 1966.

48. Harrington S. , "The Suburbanization of Producer Service Employment", *Growth and Change*, Vol. 28, No. 3, 1997.

49. Ho Shin K. , Timberlake A. , "World Cities in Asia Cliques, Centrality and Connectedness", *Urban Studies*, No. 37, 2000.

50. Hoyler M. , "External Relations of German Cities through Intra-firm Networks—A Global Perspective", *Raumforsch Raumordn*, No. 69, 2011.

51. Ian Gordon, "Internationalization and Urban Competition", *Urban Studies*, Vol. 36, No, 5, 1999.

52. Illeris S. , Sjoholt P. , "The Nordic Countries: High Quality Services in a Low Density Environment", *Progress in Planning*, Vol. 43, No. 3, 1995.

53. Jefferson M. , "The Law of the Primate City", *Geographical Review*, No. 29, 1939.

54. Keeble D. , Nacham L. , "Why Do Busines Service Firms Cluster? Small Consultancies , Clustering and Decentralization in London and Southern England", *Transaction of the Institute of British Geographers*, Vol. 27, No. 1, 2002.

55. Krugman P. , "First Nature, Second Nature and Metropolitan Location", *Journal of Regional Science*, Vol. 34, No. 2, 1993.

56. Lynch J. , Meyer D. R. , "Dynamics of the US System of Cities, 1950 to 1980: The Impact of the Large Corporate Law Firm", *Urban Affairs Quarterly*, No. 28, 1992.

57. Mahutga M. C. , Ma X. , Smith D. A. , et al. , "Economic Globalization and the Structure of the World City System: The Case of Airline Passen-

ger Data", *Urban Studies*, Vol. 47, No. 9, 2010.

58. Malecki E. J. , "The Economic Geography of the Internet's infrastructure", *Economic Geography*, Vol. 78, No. 4, 2002.

59. Mat Sumoto H. , "International Urban Systems and Air Passenger and Cargo Flows : Some Calculations", *Journal of Air Transport Management*, No. 10, 2004.

60. Matthiessen C. W. , et al. , "World Cities of Scientific Knowledge: Systems, Networks and Potential Dynamics: An Analysis Based on Bibliometric Indicators", *Urban Studies*, Vol. 47, No. 9, 2010.

61. Masahisa F. , Hu D. , "Regional Disparity in China 1985 – 1994: The Effects of Globalization and Economic Liberalization", *The Annals of Regional Science*, Vol. 35, No. 1, 2001.

62. Meijers E. J. , *Synergy in Polycentric Urban Regions: Complementarity, Organizing Capacity and Critical Mass*, Delft University Press, 2007.

63. Meyer D. , "World System of Cities: Relations between International Financial Metropolises and South American Cities", *Social Forces*, No. 64, 1986.

64. Michalak W. , Fairbaim K. J. , "The Location of Producer Services in Edmonton", *Canadian Geographer*, Vol. 37, No. 1, 1993.

65. Mitchelson R. , Wheeler J. O. , "The Flow of Information in a Global Economy: The Role of the American Urban System in 1990", *Annals of the Association of American Geographers*, Vol. 84, No. 1, 1994.

66. Mok D. , Wellman B. , Carrasco J. , "Does Distance Matter in the Age of the Internet?", *Urban Studies*, Vol. 47, No. 13, 2010.

67. Noyelle T. J. , Stranbach T. M. , *The Economic Transformation of American Cities*, Towands: Rowan and Allenheld Inc, 1984.

68. Onnela J. P. , Saramaki J. , Hyvonen J. , et al. , "Structure and Tie Strengths in Mobile Communication Networks", *Proceedings of the National Academy of Sciences*, Vol. 104, No. 18, 2007.

69. Renato A. , Orozco Pereira, Ben Derudder, "Determinants of Dynamics in the World City Network, 2000 – 2004", *Urban Studies*, Vol. 47,

No. 9, 2010.

70. Rocco R. , Nes A. V. , "The Location of Advanced Producer Services and Urban Change: A Space Syntax Approach", *International Space Syntax Symposium*, 2005.

71. Rozenblat C. , Pumain D. , "Firm Linkages, Innovation and the Evolution of Urban Systems", In: Taylor et al. *Cities in Globalization: Practices, Policies and Theories*, Routdledge, 2007.

72. Sassen Saskia, *The Global City: New York, London, Tokyo, Second Edition, Princeton*, N. J. : Princeton University Press, 2001.

73. Scott A. J. , "Flexible Production Systems and Regional Development: The Rise of New Industrial Spaces in North America and Western Europe", *International Journal of Urban and Regional Research*, Vol. 12, No. 2, 1988.

74. Scott A. J. , "Economic Geography: The Great Half-century", *Cambridge Journal of Economics*, No. 24, 2000.

75. Scott A. J. , et al. , *Global City-Regions: Trends, Theory, Policy*, New York: Oxford University Press, 2001.

76. Scott A. J. , Storper M. , "Regions, Globalization, Development", *Regional Studies*, Vol. 27, No. 6 – 7, 2003.

77. Scott A. J. , *Geography and Economy: Three Lectures*, New York: Oxford University Press, 2006.

78. Scott A. , Storper M. , "Regions, Globalization and Development", *Regional Studies*, No. 41, 2007.

79. Scott S. , "Transnational Exchanges Amongst Skilled British Migrants in Paris", *Population, Space and Place*, Vol. 10, No. 5, 2004.

80. Senn L. , "Service Activities' Urban Hierarchy and Cumulative Growth", *The Service Industries Journal*, 1993.

81. Sirat M. , "Producer Services and Growth Management of a Metropolitan Region: The Case of Kuala Lumpur, Malaysia", *Asia Pacific Viewpoint*, Vol. 39, No. 2, 1998.

82. Short J. R. , Kim M. , et al. , "The Dirty Little Secret of World Cities

Research: Data Problems in Comparative Analysis", *International Journal of Urban and Regional Research*, Vol. 20, No. 4, 1996.

83. Taaffe E. J., "The Urban Hierarchy: An Air Passenger Definition", *Economic Geography*, No. 38, 1962.

84. Taylor P. J., "Izations of the World: Americanization, Modernization and Globalization", In: Hay C., Marsh D., *Demystifying Globalization*, Palgrave Macmillan UK, 2000.

85. Taylor P. J., "Specification of the World City Network", *Geographical Analysis*, No. 33, 2001.

86. Taylor P. J., "West Asian/North African Cities in the City Network: A Global Analysis of Dependence, Integration and Autonomy", *Arab World Geographer*, Vol. 4, No. 3, 2001.

87. Taylor P. J., Walker D. R. F., "World Cities: A First Multivariate Analysis of Their Service Complexes", *Urban Studies*, Vol. 38, No. 1, 2001.

88. Taylor P. J., Catalano G., Walker D. R. F., "Measurement of the World City Network", *Urban Studies*, Vol. 39, No. 13, 2002.

89. Taylor P. J., *World City Network: A Global Urban Analysis*, London: Routledge, 2004.

90. Taylor P. J., "Cities within Spaces of Flows: Theses for a Materialist Understanding of the External Relations of Cities", In: *Cities in Globalization*, London and New York: Routledge, 2007.

91. Taylor P. J., et al., *Cities in Globalization*, London and New York: Routledge, 2007.

92. Taylor P. J., Ben Derudder, Pieter Saey, Frank Witlox, *Cities in Globalization: Practices, Policies and Theories*, Oxon: Routledge, 2007.

93. Taylor P. J., Aranya R., "A Global 'Urban Roller Coaster'? Connectivity Changes in the World City Network, 2000 – 2004", *Regional Studies*, Vol. 42, No. 1, 2008.

94. Taylor P. J., et al., "Application of the Inter-locking Network Model to Mega-City Regions: Measuring Polycentricity within and Beyond City-re-

gions", *Regional Studies: The Journal of the Regional Studies Association*, Vol. 42, No. 8, 2008.

95. Taylor P. J., et al., "External Urban Relational Process: Introducing Central Flow Theory to Complement Central Place Theory", *Urban Studies*, Vol. 47, No. 13, 2010.

96. Taylor P. J., "Advanced Producer Service Centres in the World Economy", In: Taylor P. J., Ni P., Derudder B., Hoyle M., Huang J., Witlox F. (eds.): *Global Urban Analysis: A Survey of Cities in Globalization*, London, 2011.

97. Townsend A. M., "Networked Cities and the Global Structure of the Internet", *American Behavioral Scientist*, Vol. 44, No. 10, 2001.

98. TsuiK Y., "China's regional inequality, 1952 – 1985", *Journal of Comparative Economics*, Vol. 15, No. 1, 1991.

99. Peter Evans, *Livable Cities: Urban Struggles for Livelihood and Sustainability*, Berkeley: University of California Press, 2002.

100. Pred A., *City-Systems in Advanced Economics: Past Growth, Present Processes and Future Development Options*, London: Hutchinson & Co (Publishers) Ltd, 1977.

101. Van Oort F., Burger M., RasPe O., "On the Eeonomic Foundation of the Urban Network Paradigm: Spatial Integration, Funetional Integration and Economic Comlementarities Within the Dutch Randstad", *Urban Studies*, Vol. 47, No. 4, 2010.

102. Wall R. S., *Netscape: Cities and Global Coporation Networks*, Rotterdam: Haveka, 2009.

103. Watts D. J., "Networks, Dynamics, and the Small-world Phenomenon", *The American Journal of Sociology*, Vol. 105, No. 2, 1999.

104. Watts D. J., Strogatz S. H., "Collective Dynamics of 'Small-world' Networks", *Nature*, Vol. 393, No. 4, 1998.

105. Wheeler D. C., O'Kelly M. E., "Network Topology and City Accessibility of the Commercial Internet", *Professional Geographer*, Vol. 51, No. 3, 1999.

106. William F., " Lever Competitive Cities in Europe", *Urban Studies*, Vol. 36, No. 5, 1999.

107. Zhong Yun, Yan Xiaopei, " Relationship between Producer Services Developing Level and Urban Hierarchy: A Case Study of Zhujiang River Delta", *Chinese Geographical Science*, Vol. 18, No. 1, 2008.

108. 藤田昌久、保罗·克鲁格曼、安东尼·维纳布尔斯:《空间经济学——城市、区域与国际贸易》,梁琦主译,中国人民大学出版社2011 年版。

109. G. L. 克拉克、M. P. 菲尔德曼、M. S. 格特勒主编:《牛津经济地理学手册》,刘卫东等译,商务印书馆 2005 年版。

110. 彼得·迪肯:《全球性转变——重塑21 世纪的全球经济地图》,刘卫东等译,商务印书馆 2009 年版。

111. 曼纽尔:《网络社会的崛起》,夏铸九、王志弘等译,社会科学文献出版社 2001 年版。

112. 丝奇雅·沙森:《全球城市:纽约、伦敦、东京》,周振华等译,上海社会科学院出版社 2006 年版。

113. 诺克斯·平奇:《城市社会地理学导论》,柴彦威等译,商务印书馆 2005 年版。

114. 约翰斯顿:《人文地理学词典》,柴彦威等译,商务印书馆 2004年版。

115. 陈建华:《信息化、产业发展与城市空间响应》,社会科学文献出版社 2010 年版。

116. 陈建军:《要素流动、产业转移和区域经济一体化》,浙江大学出版社 2009 年版。

117. 陈前虎:《多中心城市区域空间协调发展研究》,浙江大学出版社2010 年版。

118. 崔功豪:《中国城镇发展研究》,中国建筑工业出版社 1992 年版。

119. 方元平、闫小培:《大都市服务业区位理论与实证研究》,商务印书馆 2008 年版。

120. 方创琳:《中国城市群可持续发展报告》,科学出版社 2009 年版。

121. 付磊:《转型中的大都市空间结构及其演化》,中国建筑工业出版社 2012 年版。

122. 高汝熹、罗明义：《城市圈域经济论》，云南大学出版社 1998 年版。

123. 顾朝林：《集聚与扩散——城市空间结构新论》，东南大学出版社 2000 年版。

124. 洪银兴、刘志彪：《经济转型与发展研究》，南京大学出版社 2011 年版。

125. 胡雅龙、姜卫红：《世界第六大城市群——长江三角洲城市群崛起之路》，上海社会科学院出版社 2010 年版。

126. 金钟范：《中国城市体系外向性网络发展与结构特征——以与韩国城市的联系为中心》，上海财经大学出版社 2008 年版。

127. 李程骅：《城市与区域创新发展论》，中国社会科学出版社 2014 年版。

128. 李健：《全球生产网络与大都市区生产空间组织》，科学出版社 2011 年版。

129. 李国平、杨军、孙铁山：《网络化大都市——杭州市域空间发展新战略》，中国建筑工业出版社 2009 年版。

130. 李小建：《公司地理论》，科学出版社 2002 年版。

131. 李小建：《经济地理学》，高等教育出版社 2003 年版。

132. 李少星：《全球化与国家城市区域空间重构》，东南大学出版社 2011 年版。

133. 刘志彪：《长三角区域经济一体化》，中国人民大学出版社 2010 年版。

134. 刘军：《社会网络分析导论》，社会科学文献出版社 2004 年版。

135. 陆大道：《区位论及区域研究方法》，北京科学出版社 1988 年版。

136. 苗长虹、魏也华、吕拉昌：《新经济地理学》，科学出版社 2011 年版。

137. 宁越敏、武前波：《企业空间组织与城市—区域发展》，科学出版社 2011 年版。

138. 宁越敏、石崧：《从劳动空间分工到大都市区空间组织》，科学出版社 2011 年版。

139. 彭翀、顾朝林：《城市化进程下中国城市群空间运行及其机理》，东南大学出版社 2010 年版。

140. 世界银行：《2009 年世界发展报告：重塑世界经济地理》，清华大学出版社 2009 年版。

141. 王缉慈：《超越集群：中国产业集群的理论探索》，科技出版社 2010 年版。

142. 王蔷：《跨国公司组织结构》，上海财经大学出版社 2010 年版。

143. 王振、宗传宏：《长三角地区经济转型升级的探索实践》，上海社会科学院出版社 2014 年版。

144. 魏守华：《长三角城市群均衡发展研究》，经济科学出版社 2016 年版。

145. 吴福象：《长三角城市群国际竞争力研究》，经济科学出版社 2014 年版。

146. 许学强、周一星、宁越敏：《城市地理学》，高等教育出版社 1997 年版。

147. 徐学军：《助推新世界的经济腾飞：中国生产性服务业巡礼》，科学出版社 2008 年版。

148. 徐长乐：《区域发展态势和新思路》，上海人民出版社 2011 年版。

149. 姚士谋：《中国的城市群》，中国科技大学出版社 2006 年版。

150. 叶南客、李程骅：《中国城市发展：转型与发展》，人民出版社 2011 年版。

151. 郁鸿胜、宗传宏、李娜：《长三角区域城镇体系空间布局研究》，上海社会科学院出版社 2008 年版。

152. 张京祥、胡嘉佩：《中国城镇体系的发展演进》，东南大学出版社 2016 年版。

153. 甄峰：《基于大数据的城市研究与规划方法创新》，中国建筑工业出版社 2015 年版。

154. 周一星：《城市地理学》，商务印书馆 2007 年版。

155. 陈建华：《我国国际化城市产业转型与空间重构研究——以上海市为例》，《社会科学》2009 年第 9 期。

156. 费洪平：《企业地理研究综述》，《地理研究》1993 年第 12 期。

157. 顾朝林、陈聪：《从长三角城市群看上海全球城市建设》，《人文地理》2007 年第 26 期。

158. 顾朝林、庞海峰：《基于重力模型的中国城市体系空间联系与层域划分》，《地理研究》2008 年第 1 期。

159. 顾朝林：《城市群研究进展与展望》，《地理研究》2011 年第 5 期。

160. 顾朝林、张敏、张成：《长江三角洲城市群发展展望》，《地理科学》2007 年第 1 期。

161. 顾朝林、张敏：《长江三角洲城市连绵区发展战略研究》，《现代城市研究》2000 年第 1 期。

162. 简博秀、周志龙：《全球化、全球城市和中国都市发展策略》，《台湾社会研究》2002 年第 47 期。

163. 金凤君、王成金：《轴—辐侍服理念下的中国航空网络模式构筑》，《地理研究》2005 年第 5 期。

164. 金凤君、王姣娥：《20 世纪中国铁路网扩展及其空间通达性》，《地理学报》2004 年第 2 期。

165. 李健、宁越敏、汪明峰：《计算机产业全球生产网络分析——兼论其在中国大陆的发展》，《地理学报》2008 年第 4 期。

166. 李健：《全球生产网络治理的大都市区生产空间组织研究》，《南京社会科学》2011 年第 5 期。

167. 李健英：《第三产业与城市化相关性的中外差异分析》，《南方经济》2002 年第 8 期。

168. 李仙德：《基于上市公司网络的长三角城市网络空间结构研究》，《地理科学进展》2014 年第 12 期。

169. 李晓华：《产业组织的垂直解体与网络化》，《中国工业经济》2005 年第 7 期。

170. 李小建：《经济地理学近期研究的一个新方向分析》，《经济地理》2002 年第 2 期。

171. 李小建：《经济地理学中的企业网络研究》，《经济地理》2002 年第 5 期。

172. 李鑫、郭进利、张禹：《互联网空间下的城市网络格局及结构研究》，《计算机应用研究》2017 年第 3 期。

173. 李燕、贺灿飞：《新型城市分工下的城市经济联系研究》，《地理科学进展》2011 年第 8 期。

174. 刘卫东、甄峰：《信息化对社会经济空间组织的影响研究》，《地理学报》（增刊）2004 年第 59 期。

175. 刘卫东、Dicken、杨伟聪：《信息技术对企业空间组织的影响——以诺基亚北京星网工业园为例》，《地理研究》2004 年第 6 期。

176. 刘曙华、沈玉芳：《生产性服务业的空间研究进展及其评述》，《地理科学进展》2010 年第 4 期。

177. 吕拉昌、李勇：《基于城市创新职能的中国创新城市空间体系》，《地理学报》2010 年第 2 期。

178. 马学广、李鲁奇：《中国城市网络化空间联系结构——基于银行网点数据的研究》，《地理科学进展》2017 年第 4 期。

179. 宁越敏：《市场经济条件下城镇网络优化的若干问题》，《城市问题》1993 年第 4 期。

180. 宁越敏：《长江三角洲都市连绵区形成机制与跨区域规划研究》，《城市规划》1998 年第 1 期。

181. 宁越敏：《新城市化进程：90 年代中国城市化动力机制和特点探讨》，《地理学报》1998 年第 3 期。

182. 宁越敏、李健：《上海城市功能的转型：从全球生产系统角度的透视》，《世界地理研究》2007 年第 4 期。

183. 宁越敏：《建设中国特色的城市地理学——中国城市地理学的研究进展评述》，《人文地理》2008 年第 2 期。

184. 宁越敏、张凡：《城市群研究的几个问题》，《城市规划学刊》2012 年第 1 期。

185. 宁越敏：《中国都市区和大城市群的界定——兼论大城市群在区域经济发展中的作用》，《地理科学》2011 年第 3 期。

186. 沈丽珍、顾朝林：《区域流动空间整合与全球城市网络构建》，《地理科学》2009 年第 6 期。

187. 沈丽珍、顾朝林、甄峰：《流动空间结构模式研究》，《城市规划学刊》2010 年第 5 期。

188. 沈玉芳、刘曙华：《长江三角洲生产性服务业的空间分布特征分析》，《资源开发与市场》2010 年第 3 期。

189. 石崧、宁越敏：《人文地理学"空间"内涵的演进》，《地理科学》2005 年第 3 期。

190. 石崧、宁越敏：《劳动力空间分工理论评述》，《经济学动态》2006 年第 2 期。

191. 申玉铭、吴康、任旺兵：《国内外生产性服务业空间集聚的研究进展》，《地理研究》2009 年第 6 期。

192. 谭一洺、杨永春等：《基于高级生产者服务业视角的成渝地区城市网络体》，《地理科学进展》2011 年第 6 期。

193. 唐子来、李涛、李粲：《中国主要城市关联网络研究》，《城市规划》2017 年第 1 期。

194. 唐子来、赵渺希：《长三角区域的经济全球化进程的时空演化格局》，《城市规划学刊》2009 年第 1 期。

195. 唐子来、赵渺希：《经济全球化视角下长三角区域的城市体系演化：关系网络和价值区段的分析方法》，《城市规划学刊》2010 年第 1 期。

196. 汪明峰、宁越敏：《网络信息空间的城市地理学研究：综述与展望》，《地理科学进展》2002 年第 6 期。

197. 汪明峰：《浮现中的网络城市的网络——互联网对全球城市体系的影响》，《城市规划》2004 年第 8 期。

198. 汪明峰、宁越敏：《互联网与中国信息网络城市的崛起》，《地理学报》2004 年第 3 期。

199. 汪明峰、宁越敏：《城市的网络优势——中国互联网骨干网络结构与节点可达性分析》，《地理研究》2006 年第 2 期。

200. 汪明峰、高丰：《网络的空间逻辑：解释信息时代的世界城市体系变动》，《国际城市规划》2007 年第 2 期。

201. 王成金：《中国高速公路网的发展演化及区域效应研究》，《地理科学进展》2006 年第 6 期。

202. 王成金：《中国物流企业的空间组织网络》，《地理学报》2008 年第 2 期。

203. 王成金、金凤君：《从航空国际网络看我国对外联系的空间演变》，

《经济地理》2005 年第 5 期。

204. 王缉慈、邓鸥:《从企业地理角度研究我国区域发展的一个分析构架》,《地域研究与开发》1996 年第 4 期。

205. 吴威、曹有挥、曹卫东等:《长江三角洲公路网络的可达性空间格局及其演化》,《地理学报》2006 年第 10 期。

206. 吴威、曹有挥、曹卫东等:《开放条件下长江三角洲区域的综合交通可达性空间格局》《地理研究》2007 年第 2 期。

207. 薛德升:《改革开放以来中国城市全球化的发展过程》,《地理学报》2010 年第 10 期。

208. 闫小培、钟韵:《区域中心城市生产性服务业的外向功能特征研究:以广州市为例》,《地理科学》2005 年第 5 期。

209. 姚士谋、陈彩虹、陈爽等:《沪宁杭地区城市群发展规划探索》,《长江流域资源与环境》2005 年第 3 期。

210. 姚士谋、陈爽:《长江三角洲地区城市空间演化趋势》,《地理学报》1998 年第 S1 期。

211. 杨兴柱、顾朝林、王群:《南京市旅游流网络结构构建》,《地理学报》2007 年第 6 期。

212. 尹俊、甄峰、王春慧:《基于金融企业布局的中国城市网络格局研究》,《经济地理》2011 年第 5 期。

213. 杨永春等:《世界城市网络研究理论与方法及其对城市体系研究的启示》,《地理研究》2011 年第 6 期。

214. 赵渺希、唐子来:《基于网络关联的长三角区域腹地划分》,《经济地理》2008 年第 3 期。

215. 赵渺希:《长三角区域的网络交互作用与空间结构演化地理研究》,《地理研究》2011 年第 2 期。

216. 赵渺希、刘铮:《基于生产性服务业的中国城市网络研究》,《城市规划》2012 年第 9 期。

217. 张荣天:《长三角城市群网络结构时空演变分析》,《经济地理》2017 年第 2 期。

218. 甄峰、刘晓霞、刘慧:《信息技术影响下的区域城市网络:城市研究的新方向》,《人文地理》2007 年第 2 期。

219. 周一星：《主要经济联系方向论》，《城市规划》1998 年第 2 期。

220. 周一星、张莉：《改革开放条件下的中国城市经济区》，《地理学报》2003 年第 2 期。

221. 赵群毅、谢从朴：《都市区生产者服务业企业区位因子分析——以北京为例》，《经济地理》2008 年第 1 期。

222. 张晓明：《长江三角洲巨型城市区特征分析》，《地理学报》2006 年第 10 期。

223. 甄峰：《信息时代新空间形态研究》，《地理科学进展》2004 年第 3 期。

224. 甄峰、刘慧、郑俊：《城市生产性服务业空间分布研究：以南京为例》，《世界地理研究》2008 年第 1 期。

225. 钟韵、闫小培：《我国生产性服务业与经济发展关系研究》，《人文地理》2003 年第 5 期。

226. 毕秀晶：《长三角城市群空间演化研究》，博士学位论文，华东师范大学，2013 年。

227. 李锐：《企业创新系统自组织演化机制及环境研究》，博士学位论文，哈尔滨工业大学，2010 年。

228. 刘曙华：《生产性服务业集聚对区域空间重构的作用途径和机理研究——以长江三角洲地区为例》，博士学位论文，华东师范大学，2012 年。

229. 王士君：《城市相互作用与整合发展的理论和实证研究》，博士学位论文，东北师范大学，2003 年。

230. 郑伯红：《现代世界城市网络化模式研究》，博士学位论文，华东师范大学，2005 年。

师母给予我如亲人般的帮助和支持，让人心生温暖。在学习期间，中科院南京地理与湖泊研究所的诸多老师也给予笔者无私的帮助。陈雯老师精益求精的治学风格、严谨敏锐的思维方式让笔者肃然起敬；姚士谋老师和虞孝感老师等老一辈地理学者深邃卓越的学术思想、严谨扎实的治学作风和勇于创新的执着精神，让笔者受益终生。

感谢南京市社科院院长叶南客研究员和南京市社科院的各位同人对于本书的顺利写作和出版所给予的关心和支持。刚刚参加工作的时候，笔者遇到了诸多的家庭变故，在工作中时常会力不从心，感谢各位领导和同人在工作和生活中给予的关照和支持！

最后要感谢我的家人。有一种遗憾叫子欲养而亲不待，淡看世事去如烟，铭记恩情存如血！谨以此书献给你们！感谢我的先生，他一直是我最坚强的后盾，给了我不断前行的动力！

王聪

2017 年 9 月 9 日